I0020919

App Inventor 2 con database MySQL
gestione remota dei dati

by
Antonio Taccetti

Frasi mitiche

Dentro i confini del computer, sei tu il creatore.
Controlli, almeno potenzialmente, tutto ciò che vi succede.
Se sei abbastanza bravo, puoi essere un Dio.
Su piccola scala.
(Linus TorvaldsLinus Torvalds)

I computer sono incredibilmente veloci, accurati e stupidi.
Gli uomini sono incredibilmente lenti, inaccurati e intelligenti.
L' insieme dei due costituisce una forza incalcolabile.
Albert Einstein

Si scrive soltanto una metà del libro, dell'altra metà si deve occupare il lettore.
(J. Conrad)

Discalimer
App, pagine php e database sono stati controllati più volte e le applicazioni testate.
La presente pubblicazione contiene le opinioni dell'autore ed hanno lo scopo di fornire informazioni precise ed accurate.
L'elaborazione dei testi, anche se curata con scrupolosa attenzione non potrà comportare specifiche responsabilità in capo all'autore e/o all'editore per eventuali errori o inesattezze.

Finito in Firenze, Maggio 2016

SOMMARIO

Contenuto di questa guida

Questa guida espone come usare App Inventor 2 per creare App per il Sistema Operativo Android che si interfaccino con tabelle di un database MySQL.

Dal dispositivo Android sarà possibile:
- Ordinare un qualsiasi campo della tabella in senso ascendente e discendente
- Filtrare i dati di un campo a scelta, anche il medesimo dell'ordinamento.
- Importare nel dispositivo Android i record del database.
- Condividere (Sharing) questi record mostrando una lista delle App installate nel dispositivo, fra quelle che possono gestire le informazioni fornite, permettendo all'utente di scegliere quale di queste deve essere usata.
  Ad esempio App per le email, App di social networking, app messaggi e così via.

Per chi non conosce App Inventor (MIT), guide in italiano per App Inventor sono recensite dal MIT (Massachusetts Institute of Technology) alla pagina web:
http://appinventor.mit.edu/explore/books.html

Con i titoli:
- *Usare App Inventor Scrivere e distribuire App per cellulari e tablet Android* (poi denominato classico dal MIT)
- *App Inventor 2 Per Esempi*

Entrambe sono reperibili in Internet sia in formato cartaceo che e-book

Per la creazione del database MySQL e la parte php viene presentato:
- Come procurarsi gratuitamente il software per installare un ambiente di sviluppo Apache con server locale php/MySQL.
- Descritto il componente software phpMyAdmin mostrando come creare e testare tabelle in locale e remoto anche con l'uso di query
- Mostrato come scrivere una pagina php che permetta di inserire, modificare e cancellare dati e record dalle tabelle di un database.
- Presentato come progettare e scrivere in php la pagina web che consente all'App Android di interfacciarsi con la tabella del database MySQL permettendo di:
  - Ordinare e filtrare i dati contenuti nelle tabelle di un database in Internet
  - Trasferire sul dispositivo Android di record
- Esposte più opzioni su come procurarsi un server Internet a basso costo o gratuito.
  - Mostrato come caricare interfaccia php e tabella php/MySQL sul server Internet testandone il funzionamento.

App per Android, pagine php e tabella sono scaricabili dal sito dell'autore.
Gli indirizzi sono riportati alla fine della guida.

Queste sono:

1. App_Web_PHP_MySQL: App in formato zip contente il file aia e l'APK
2. ai2tabella: Tabella del database
3. ai2-connessionedb.php e ai2connessionedb.php : Connessione al database.
4. ai2-index.php e ai2index.php: Accesso pagina di amministrazione del database
5. ai2-accessosessione.php ai2accessosessione.php: Verifica dati d'accesso al database
6. ai2-gestionedati.php e ai2gestionedati.php: Inserimento, modifica dati
7. ai2-interfaccia.php e ai2interfaccia.php: Pagina di interfaccia con l'APP Android

Le pagine php sono scritte per due versioni diverse di questo linguaggio,
quelle con il trattino – nel nome sono per una versione più datata.

Ad esempio:

- **ai2-connessionedb.php: versione più vecchia di php**
- **ai2connessionedb.php: versione php recente (5.5 anno 2016)**

Per chi è interessato a utilizzare la libreria grafica di php (GD library), ampliando e arricchendo l'interfaccia fra APP di Android e php/MySQL,
nelle librerie in Internet è reperibile la guida:
Usare GD library con php: funzioni, figure, grafici e gradienti.
In lingua italiana, contiene esempi dettagliati su come creare grafici e diagrammi senza l'uso di librerie aggiuntive.

Anche a supporto della guida, a questo indirizzo web:
http://www.taccetti.net/web/phpgd2/index.php?id=117
pagine php mostrano come creare grafica dinamica con questo linguaggio.

Database

Nel linguaggio informatico, il termine inglese database (in italiano, banca dati) definisce archivi di dati strutturati in modo da razionalizzare gestione ed aggiornamento delle informazioni, sopportando lo svolgimento di ricerche anche complesse.

Le informazioni contenute nei database sono strutturate e collegate tra loro secondo modelli logici valutati e scelti dei progettisti.

Nell'eccezione più semplice un database è una tabella paragonabile ad un foglio quadrettato.

Questa tabella contiene dati riferiti ad uno specifico argomento, ad esempio una tabella delle regioni italiane, oppure di clienti o prodotti, classici esempi sono le rubriche telefoniche ma anche un foglio elettronico di Excel della Microsoft o Calc di OpenOffice.

In questo foglio/tabella, ogni riga corrisponde ed un elemento memorizzato nel database ed è tecnicamente chiamato record o tupla.

Ogni record in una determinata tabella contiene le informazioni di uno (ed un solo) determinato elemento.

Per ogni elemento è inteso, un individuo, una merce, un evento ecc.

I record, a loro volta, sono suddivisi e costituiti da parti che nel loro insieme, sono gli attributi del record nel suo complesso.
Queste parti prendono il nome di campi.

I campi sono rappresentati dalle colonne del foglio quadrettato citato in precedenza.
Ad esempio, i campi per gli individui possono essere nome, cognome, data di nascita, indirizzo ecc.
per una mercanzia, costo unitario, provenienza, peso ecc.

Con riferimento ai software Excel e Calc già citati, le colonne rappresentano i campi e le righe i record.

Nel concreto, facendo riferimento alla tabella delle regioni italiane, ogni record potrebbe descrivere una regione ed ogni campo destinato a contenere, Nome della regione, note, superficie in chilometri quadrati, data ed ora dell'ultimo aggiornamento del record ecc.

Una tabella di nome "ai2tabella" contenente le regioni italiane potrebbe essere così rappresentata:

id	nome	note	data
1	Toscana	Abitanti 3692433, situata nell'Italia centrale, con capoluogo Firenze.	2016-04-11 12:28:15
2	Umbria	Regione dell'Italia centrale di 889497 abitanti posta nel cuore della penisola.	2014-03-19 14:18:10
3	Lazio	Abitanti 5566783 abitanti, con capoluogo Roma che è anche capitale d'Italia.	2012-09-13 21:23:40

Nella precedente tabella "ai2tabella", gli elementi di un record, cioè i campi, sono identificati da un nome.

In aggiunta, c'è un campo denominato id, si tratta del campo indice.
Sebbene gli indici siano facoltativi, il loro utilizzo può rendere molto più rapide le operazioni di ordinamento e ricerca, specie su grandi quantità di dati.

All'interno dello stesso database, il nome di ogni tabella deve essere univoco.
Lo stesso nome di campo può invece essere usato in tabelle diverse dello stesso database.

Ma considerando che le ricerche nel database vengono poi effettuate invocando nomi di tabelle e campi, meglio evitare, tutte le volte che è possibile, la duplicazione di nomi delle colonne (campi).
Sarà così evitato di complicare il progetto e le successive ricerche dei dati.

Ogni campo, quindi ogni colonna della tabella, può contenere tipi di dati diversi (proprietà del campo), numeri interi, con virgola mobile, caratteri alfabetici (tecnicamente denominati stringhe) ecc.

Ricapitolando:

- La quantità dei record è virtualmente infinita, essendo il suo limite la quantità di spazio del supporto che li contiene.

- La quantità dei campi ed il tipo di dati che ciascuno di essi può contenere è definita da chi progetta il database.

Scopo di un database è convertire i dati in informazioni.
Se consideriamo le informazioni come conoscenza, i due termini non sono intercambiabili, anzi, fra loro c'è molta differenza.

- I dati sono una raccolta di fatti.

- Le informazioni sono dati organizzati o presentati in modo idoneo a prendere delle decisioni.

DataBase Managment Systems

Esistono molti DBMS (DataBase Managment Systems) cioè software che implementano le funzioni atte all'utilizzo di database.
Queste funzioni sono: accesso ai dati, loro aggiornamento, ricerca e selezione (definita anche filtraggio), quest'ultima secondo criteri che possono essere scelti dagli utenti, ecc.
I nomi più conosciuti di questi DBMS sono: MySQL, Oracle, MS SQL, PosgreSQL, ecc.

Scalabilità

Spesso si legge "scalabilità dei database", con questo è intesa la possibilità di mantenere integre le performance del database all'aumentare della quantità di dati, delle query eseguite e, anche più importante, quanto è possibile espandere il design del database aggiungendo tabelle, campi e funzionalità.

php

php (acronimo ricorsivo di "php: Hypertext Preprocessor", preprocessore di ipertesti, è un linguaggio di scripting interpretato, originariamente concepito per la programmazione di pagine web dinamiche.
L'interprete php è un software libero distribuito sotto la php License.
Supporta tutti i DBMS piu' diffusi.

MySQL, tipi di tabelle

Le tabelle utilizzabili da MySQL sono di vario tipo, le principali sono

MyISAM

Tipo definito di default, assicura ottime performance in velocità nella ricerca dati

InnoDB

Più complete rispetto alle MyISAM ma più lente a causa delle funzionalità aggiuntive di cui dispongono.
Oggi (2016) per l'aumentare della potenza delle machine, la differenza di prestazioni tra MyISAM e InnoDB è divenuta minima.

Questo tipo di tabelle non sono sempre disponibili negli hosting economici.

SQL

SQL (Short Query Language) è il linguaggio utilizzato per le operazioni nei DBMS.
Nonostante sia disponibile in molti dialetti, questi sono molto simili fra loro anche se implementati su sistemi molto diversi.
Per definire le operazioni da effettuare sui dati e sul database, SQL utilizza una sintassi pressoché naturale.

I comandi sono in lingua inglese e le parole/comandi identificano la funzione che essi svolgono (select per seleziona, delete per cancella, update per aggiorna ecc).
Tutto sta nell'assimilare il modo nel quale viene composta la frase/comando SQL ed il resto "viene da se".

Query

Query (in italiano domanda).

Il termine è utilizzato per indicare l'interrogazione in un database da parte di un utente per operazioni di selezione, inserimento, cancellazione, aggiornamento ecc.).

Le query utilizzano il linguaggio SQL (Structured Query Language).
L'analisi del risultato della query è oggetto di studio dell'algebra relazionale.

Le query vengono comunemente usate all'interno di pagine php o linguaggi analoghi e sono suddivisibili in due tipi:

- Richiesta informazioni, ad esempio query di selezione dati
    - o SELECT: serve a selezionare dati dalle tabelle
- Comandi di modifica, ad esempio cancellazione, inserimento o correzione
    - o INSERT: inserire dati nelle tabelle
    - o UPDATE: modificare dati nelle tabelle
    - o DELETE: cancellare dati dalle tabelle
- Fra le query di comando rientrano anche
    - o CREATE: creare le tabelle
    - o ALTER: modificare la struttura delle tabelle
    - o DROP: eliminare le tabelle

I comandi di quest'ultimo gruppo vengono di solito usati nella creazione del database e molto meno nel normale utilizzo quotidiano.

Strumenti php/MySQL

Database ambienti di sviluppo

Esistono diversi software che autonomamente creano l'ambiente di sviluppo e consentono di avviare velocemente con la realizzazione dei progetti, EasyPHP, LAMP (Linux Apache MySql PHP) o WAMP (Windows Apache MySql PHP), nel proseguo facciamo riferimento a XAMPP.

XAMPP è multi piattaforma, ciò significa che funziona su ambienti Linux, Mac e Windows.
Sul sito https://www.apachefriends.org/it/index.html sono disponibili e scaricabili pacchetti per i vari Sistemi Operativi ed in varie lingue, italiano compreso.
Xampp è una distribuzione Apache semplice e leggera, essa rende estremamente semplice a neofiti e sviluppatori creare web server sul PC locale.
Il software è stato concepito per un'installazione e un utilizzo intuitivi.

In XAMPP sono inclusi un server web application (Apache), un DBMS (MySQL), e un linguaggio di script (php).
I software forniti sono gratuiti e la riproduzione è libera.
Molto importante è il fatto che moltissimi ambienti su server Internet utilizzano gli stessi componenti, questo rende semplice e intuitivo la copia di tabelle e pagine php da un sistema locale un server web su Internet.

web server

Applicazione software che, in esecuzione su un server, è in grado di gestire le richieste di trasferimento di pagine web di un client, tipicamente un web browser.
L'insieme dei web server interconnessi a livello mondiale dà vita al World Wide Web.

Un web server installato sul PC locale simula il comportamento che si avrebbe su Intenet, permettendone test in modo più pratico, quindi facilitando le correzioni.

XAMPP, componenti principali

- Apache: web server più popolare al mondo, elabora e risponde alle richieste restituendo i contenuti verso il computer client (richiedente)

- MySQL: Descritto in precedenza, Open Source e gratuito.
  Viene usato, fra gli altri, da Joomla e WordPress, consente la realizzazione applicazioni professionali.

- php: Descritto in precedenza, con esso lavorano Joomla, Drupal e WordPress.
  Scelto da migliaia di sviluppatori, semplice da imparare, lavora perfettamente con MySQL.

- Perl: è un linguaggio di programmazione molto potente, ricco di funzionalità, con oltre 25 anni di sviluppo.

- phpMyAdmin, scritto in php, è un software free, distribuito con licenza GNU.
  Consente di amministrare i database, creare tabelle, testare query ecc.
  La versione più recente può anche essere scaricata dal sito ufficiale
  http://www.phpMyAdmin.net/

INSTALLARE XAMPP

Nonostante le semplicità e la qualità del pacchetto, a volte possono sorgere alcune difficoltà.
Alcuni accorgimenti possono essere:

- Disabilitate temporaneamente l'anti-virus prima dell'installazione.

- Installare il pacchetto facendovi click con il tasto destro > Esegui come amministratore.

In una schermata, di solito la seconda, si può scegliere i componenti da installare.
Per semplicità, o non sapendo cosa esattamente fare, lasciare tutto come di default.
Eventualmente deselezionare 'Learn more about BitNami for XAMPP'

L'installazione di XAMPP può richiedere alcuni minuti, la durata dipende anche dalle performance del PC in uso.
In volta installato sarà disponibile un Pannello di controllo dal quale è possibile verificare e settare tutti i componenti di XAMPP ed avviare o fermare i vari servizi.

Alla fine dell'installazione il software dovrebbe trovarsi nella cartella C:\xampp\
Ovviamente la lettera C può essere diversa se si è scelto di installare su di un altro disco.

XAMPP, verifica dell'installazione

Una volta scaricato ed installato XAMPP occorre verificarne il buon esito.

Andare nella cartella C:\xampp (o lettre adeguata) e fare doppio click sull'icona del file
xampp_start.exe
Dovrebbe apparire il Pannello di controllo di XAMPP

Lanciare un qualsiasi browser e nella barra degli indirizzi scrivere:
http://localhost/

Dovrebbe apparire la pagina principale di XAMPP con titolo:
XAMPP Apache + MySQL + php + Perl

Nelle ultime versioni al posto di XAMPP Apache + MySQL + php + Perl potrebbe
apparire:
XAMPP Apache + MariaDB + php + Perl

Sul sito mariadb all'indirizzo
https://mariadb.com/kb/it/mariadb-vs-mysql-compatibilita/
si può leggere:
Per tutti i fini pratici, MariaDB è un rimpiazzo binario per MySQL, pronto all'uso, che può
sostituire la versione corrispondente (ad esempio: MySQL 5.1 -> MariaDB 5.1, MySQL 5.2 -
> MariaDB 5.2, MySQL 5.3 -> MariaDB 5.3).
Ecco cosa significa:
I dati e i file di definizione delle tabelle (.frm) sono compatibili a livello binario.
Tutte le API client, i protocolli e le strutture sono identici.
Tutti i nomi dei file, i binari, i percorsi, le porte, i socket, etc dovrebbero essere uguali.
Tutti i connettori di MySQL (php, Perl, Python, Java, .NET, MyODBC, Ruby, MySQL C
connector etc) si comportano nello stesso modo con MariaDB.
Vi sono alcuni problemi di installazione con php5 dei quali è meglio essere consapevoli (si
tratta di un bug nel modo in cui il vecchio php5 controlla la compatibilità della libreria
client).
Il pacchetto mysql-client funziona anche con MariaDB server.
Questo significa che nella maggioranza dei casi è sufficiente disinstallare MySQL e
installare MariaDB per poterlo utilizzare.
Non vi è alcun bisogno di convertire i file dei dati se si utilizza la stessa versione, ad
esempio 5.1.

Verificare, allo stesso sito, eventuali aggiornamenti.

Se invece XAMPP non avvia dei suoi componenti, uno dei problemi più frequenti riguarda
l'utilizzo della porta 80 che XAMPP utilizza di default mentre la stessa porta è usata anche
da skype e da Windows 10.

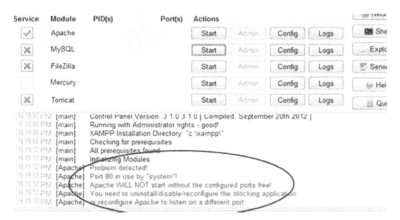

Nel caso di skype, basta non usarlo in concomitanza con XAMPP.

Se invece skype è lanciato dopo XAMPP, di solito skype si mette in ascolto su di un'altra porta e tutto funziona regolarmente.

Nel caso di windows 10, ma anche per skype che si ricolloca in ascolto su di un'altra porta può essere desiderabile cambiare per XAMPP la porta di ascolto variandola da 80 ad un'altra.

A questo indirizzo

http://pepfry.com/tutorials/solve-issue-port-80-in-use-by-system-xampp

è possibile leggere un tutorial approfondito.

Si tratta comunque di modificare il contenuto del file httpd.conf,

per farlo:

- Andare nella cartella C:\xampp\apache\conf

- Fare una copia del file httpd.conf da tenere pronta per sostituire l'originale in caso di errori.

- Aprire il file httpd.conf con il blocco note di Windows

- Modificare la voce Listen 80 in Listen 81 (o altro numero)

- Riavviare il tutto

- Lanciare un browser e nella barra degli indirizzi digitare: http://localhost:81/ e tutto dovrebbe essere a posto.

Soluzioni per altri inconvenineti, invero molto rari, possono essere lette a questo indirizzo:

http://www.corsijoomla.com/xampp-non-parte-apache-mysql.html

XAMPP, il Pannello di controllo

Per avviare il pannello di controllo di XAMPP occorre andare nella cartella C:\xampp (o lettera adeguata) e fare doppio click sull'icona del file xampp_start.exe

Il pannello di controllo XAMPP offre un controllo completo su tutti i componenti installati con XAMPP.

È possibile utilizzare il Pannello per avviare / arrestare diversi moduli, avviare la shell

Unix, aprire Windows Explorer per vedere tutte le operazioni in esecuzione in background.

Ecco una rapida panoramica del pannello di controllo.

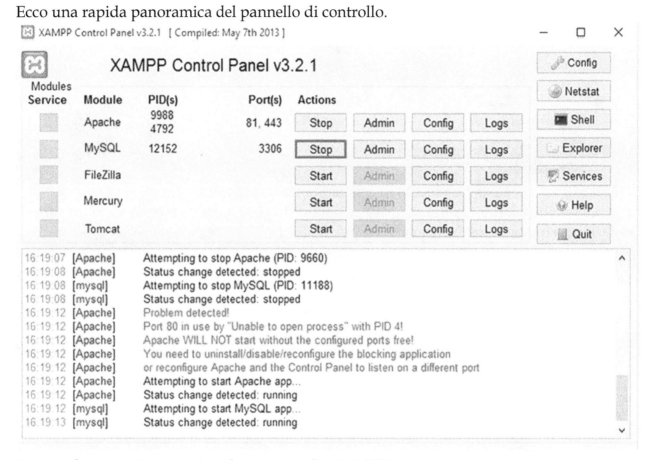

Sono in funzione i servizi Apache su porta 81 e MySQL

Per rendere il tutto più conforme alle proprie abitudini l'icona di xampp_start.exe può essere inserita nel menu d'avvio di Windows a nella barra delle applicazioni di Windows, (click sull'icona con il pulsante destro del mouse e scelta voce dal menu che si apre)
Per arrestare il tutto basta fare click sui pulsanti Stop del Pannello di controllo.

php test

Una volta che tutto sembra a posto l'ultima verifica è provare php.
Durante l'installazione di XAMPP dovrebbe essere stato creato il file phpinfo.php all'interno della cartella C:\xampp\htdocs\dashboard\ oppure C:\xampp\htdocs\

Il server locale può essere configurato in molti modi, ma non è argomento di questa guida.

Lanciare un browser e nella barra degli indirizzi digitare l'indirizzo del file phpinfo.php, ad esempio:
http://localhost/dashboard/phpinfo.php
oppure
http://localhost:81/dashboard/phpinfo.php
se è stata cambiato il numero della porta.

Il file phpinfo.php dovrebbe andare in esecuzione mostrando qualcosa del genere:

PHP Version 5.5.27

System	Windows NT PC-ANTONIO 6.2 build 9200 (Windows 8 Professional Edition) i586
Build Date	Jul 9 2015 12:09:00
Compiler	MSVC11 (Visual C++ 2012)
Architecture	x86
Configure Command	cscript /nologo configure.js "--enable-snapshot-build" "--disable-isapi" "--enable-debug-pack" "--without-mssql" "--without-pdo-mssql" "--without-pi3web" "--with-pdo-oci=C:\php-sdk\oracle\x86\instantclient10\sdk,shared" "--with-oci8=C:\php-sdk\oracle\x86\instantclient10\sdk,shared" "--with-oci8-11g=C:\php-sdk\oracle\x86\instantclient11\sdk,shared" "--enable-object-out-dir=../obj/" "--enable-com-dotnet=shared" "--with-mcrypt=static" "--disable-static-analyze" "--with-pgo"
Server API	Apache 2.0 Handler
Virtual Directory Support	enabled
Configuration File (php.ini) Path	C:\Windows
Loaded Configuration File	C:\xampp\php\php.ini
Scan this dir	(none)

La pagina è molto lunga e mostra la versione php installata con tutti i suoi attributi.
In particolare, scorrendo il documento troviamo:

```
_SERVER["DOCUMENT_ROOT"]          D:/xampp/htdocs
_SERVER["REQUEST_SCHEME"]          http
_SERVER["CONTEXT_PREFIX"]  no value
_SERVER["CONTEXT_DOCUMENT_ROOT"] D:/xampp/htdocs
_SERVER["SERVER_ADMIN"]      postmaster@localhost
_SERVER["SCRIPT_FILENAME"]D:/xampp/htdocs/dashboard/phpinfo.php
```
ed è qui che andranno inseriti file nomefile.php.

Il primo file php

Avviare Blocco note e in un nuovo documento e digitare:

```
<? Php
echo 'Ciao mondo';
?>
```

Salvare il file come 'prova.php' nela cartella dove si trova il file phpinfo.php
Attenzione all'estensione del file perché il blocco note salva con estensione txt, se lo si è già fatto cambiarla in php.
Per approfondimenti su cosa siano le estensioni dei file leggere il paragrafo:
Cos'è l'estensione dei file.

Nella barra degli indirizzi del browser digitare l'indirizzo scritto in precedenza sostituendo phpinfo.php con prova.php
(ad esempio, http://localhost/dashboard/prova.php)

Nel browser dovrebbe comparire il messaggio "Ciao Mondo":

Adesso è possibile utilizzare il server web Apache in locale,
creare e testare applicazioni php, usare MySQL e altro ancora.

Cos'è l'estensione dei file

Negli anni '80 del secolo scorso, la memoria dei PC era alquanto limitata e i nomi dei file potevano avere al massimo 8 caratteri più un suffisso di 3. (es. NomeFile.txt)
Il termine italiano estensione è frutto di una cattiva traduzione dell'inglese "extension", che in questa lingua significa suffisso.
Al tempo, scopo principale dell'utilizzo delle estensioni fu quello di permettere una facile individuazione del tipo di contenuto dei file, ad esempio testo, grafica, esecutivi, di sistema ecc.

L'estensione di un file è un metodo tutt'ora utilizzato, permettendo al sistema operativo di distinguere il tipo di contenuto (pagina web, testo, musica, immagine ecc.) e di aprirlo con un'applicazione predefinita ed in grado di farlo.

Sebbene questo metodo sia ancora in auge, i parametri d'utilizzo sono cambiati, i nomi dei file possono essere molto più lunghi e l'estensione superiore dei 3 caratteri di un tempo.

Nei sistemi operativi Windows XP, Vista, 7, 8 e 10 l'estensione può essere nascosta mostrando solo il nome del file.

Gli utenti, per capire il tipo di file al quale sono di fronte dovrebbero affidarsi solo all'icona associata ai file stessi e il tipo d'icona può non essere di facile individuazione

Questo sistema può esporre anche a rischi e portare perfino ad aprire file virtualmente dannosi per il computer.

Per visualizzare sempre l'estensione dei file utilizzare questo metodo:

Lanciare Risorse del computer, dal menù della finestra:

- XP: Documenti>Strumenti>Opzioni Cartella>Visualizzazione Finestra>Impostazioni Avanzate >

- Windows Vista/Win 7: Organizza > Opzioni cartella e ricerca > visualizzazione >

- Win 8: Documenti/Qualsiasi cartella>Visualizza>Opzioni> Modifica opzioni cartelle e ricerca> Visualizzazione>

Verificare che NON sia spuntata la voce:
Nascondi le estensioni per i file più conosciuti.
Poi confermare e chiudere

Windows 10: In una qualsiasi cartella di Risorse del computer, nel menù in alto fare click sulla voce Visualizza e spuntare la voce "Estesioni nomi file"

phpMyAdmin

Composto da script Php, permettono di gestire il server sul quale si trova.

Per poterlo fare occorre installare l'interprete del linguaggio php e attivare un Web server Apache, operazione che è stata esposta nelle pagine precedenti.
phpMyAdmin è presente pressoché sulla totalità dei server Internet che offrono php/MySQL impararne l'uso in locale è utilissimo anche per poi utilizzarlo ovunque.

La figura mostra la pagina di accesso a phpMyAdmin.

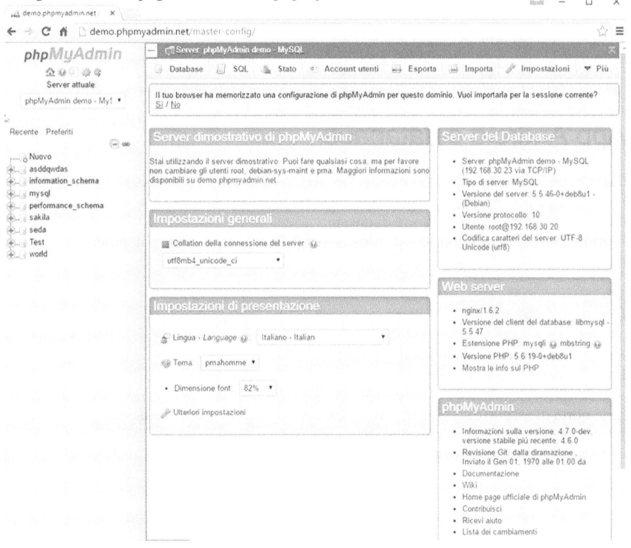

Essa è suddivisa in due parti una sulla sinistra e l'altra sulla destra:

- La sinistra, di dimensione più ridotte, è presente in tutte le pagine di phpMyAdmin.
  In questa zona è possibile leggere i nomi dei database MySQL presenti sul server.
  Accanto al nome di ogni database, il numero tra parentesi indica il numero di tabelle in esso contenute.
  Facendo click sul nome vengono visualizzati i nomi delle tabelle.

- La destra cambia in funzione delle operazioni che si intendono compiere.
  In alto, un menu di scelte per accedere ai servizi di phpMyAdmin.
  Le scelte principali sono:

  - Crea un nuovo database (specificandone il nome).

    - Una volta creato un nuovo database compare la voce/menù "Struttura".
      Facendo click su questa viene visualizzata la pagina che descrive la struttura della tabella con i campi che la compongono e le relative caratteristiche.
      Qui è possibile modificare la struttura delle tabelle.

  - Esporta, per esportare tabelle

  - Importa per importare tabelle

  - Operazioni per creare rinominare e copiare tabelle.

App Android e database

Certe volte, in informatica, si può avere l'impressione di iniziare dalle parti finali per realizzare un progetto, ma per poter interfacciare una App Android con tabelle di database MySQL occorre disporre di queste.
Il primo passo è la creazione del database e poi delle tabelle in esso contenute.

Creare database

Aprire un browser e nella barra degli indirizzi digitare:
http://localhost/phpMyAdmin/

Se la porta di ascolto è stata cambiata, l'indirizzo da digitare potrebbe essere:
http://localhost:81/phpMyAdmin/
e qualsiasi altro numero di porta scelto.

Si aprirà il software phpMyAdmin

Fare click sul pulsante Database nel menù in alto.

Si aprirà la finestra contenente il controllo dove inserire il nome del database.

Nella pagina che si visualizza, sulla parte destra del monitor specificarne il nome sotto l'etichetta "Crea un nuovo database" scrivere "appinventor2".

La casella a discesa "codifica caratteri" può essere lasciata vuota, verranno impostate le opzioni di default.

Fare click pulsante "Crea".

Il database "appinventor2" verrà creato ed il suo nome aggiunto all'elenco dei database nella colonna di sinistra di phpMyAdmin.

A questo punto il database creato è vuoto.

Si aprirà una finestra per la creazione di una tabella.

Creare tabelle

Una volta creato il database, esso è vuoto, occorre quindi creare le tabelle che lo compongono.

Per creare una tabella occorre specificarne nome e numero dei campi che la compongono con loro caratteristiche.

Per farlo è possibile fare click sul pulsante "Operazioni" del menù in alto e nella pagina che si apre sotto l'etichetta "Crea tabelle" digitare il nome della tabella e subito sotto il numero dei campi.

In alcune versioni di phpMyAdmin è presente un link "Nuova" come prima voce dell'elenco delle tabelle del database.

Nel controllo Nome digitare il nome della tabella, cioè "ai2tabella".

Il numero di campi proposti dovrebbe essere 4, se non è così, scrivere 4 nel controllo "Numero dei campi".

Fare click pulsante "Esegui".

Nome della tabella e quantità dei campi che la compongono è stato definito.

Comparirà una maschera per l'immissione dei nomi dei campi e le caratteristiche di ciascuno di essi.

Definire le proprietà di campi

Fra le caratteristiche impostabili, importanti sono l'indicizzazione di un campo, l'univocità dei suoi valori.

Queste caratteristiche sono indispensabili al funzionamento della App del SO Androiid che verrà interfacciata con questa tabella.

Importante, ma non indispensabile, è l'inserimento di note descrittive nei campi per facilitare comprensione della struttura nonché future modifiche.

Questa la definizione dei campi della tabella "ai2tabella":

- appinventor2: database
  - ai2tabella: tabella del database con quattro campi
    - id: numerico, indice chiave primaria (primary key).
      Consente di identificare univocamente ogni record della tabella.
      Si incrementa all'inserimento di ogni nuovo record (AUTO_INCREMENT).
      In caso di cancellazione di un record il valore non verrà più utilizzato.
      Per mezzo dell'identificare univoco è possibile accedere velocemente ed univocamente a ciascun record
    - nome: varchar(20), stringa di 20 caratteri.
      VARCHAR, stringa a lunghezza variabile, la memoria realmente occupata nel database è pari alla lunghezza del testo + 1
    - note: varchar(300), stringa di 300 caratteri.
    - data: TIMESTAMP, determina automaticamente l'istante in cui un determinato record è stato inserito o modificato.

Graficamente si presenta uno schema come la figura seguente

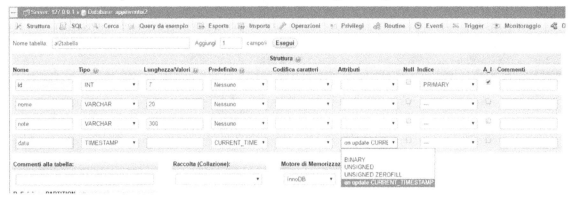

Per alcune operazioni occorre posizionarsi sulle caselle con il tasto Tab o usare la barra di scorrimento orizzontale posta alla base della pagina che permette di accedere alle caselle che non sono visualizzate.

La creazione effettiva di una tabella avviene facendo clic sul pulsante Salva.

Subito dopo la creazione, phpMyAdmin visualizza un messaggio che informa dell'avvenuta creazione e ne visualizza la struttura.

Per ciascuna tabella creata in precedenza, si può avere accesso la pagina di modifica struttura rendendola attiva, facendo poi click sul pulsante Struttura.

I campi, compreso il loro nome, possono essere modificati con azioni avviate da pulsanti Modifica nella colonna Azione.

Verificare tabelle

Per verificare se la struttura delle tabelle è stata definita correttamente occorre inserire alcuni dati di prova.

Fare click sul pulsante Inserisci, si aprirà una finestra con due record vuoti, in attesa dell'inserimento dei dati.

- In entrambi i record lasciare il campo id vuoto, esso si incrementerà all'immissione dei record.
- Nel campo nome, colonna Valore, scrivere: Toscana nel primo record e Umbria nel secondo
- Nel campo note, colonna Valore, scrivere: Abitanti 3692433 nel primo record e nel secondo record 889497
- In entrambi i record lasciare il campo data vuoto, assumerà automaticamente l'istante in cui il record è stato inserito (o in futuro modificato) nel formato: anno - mese - giorno - ora - minuti - secondi

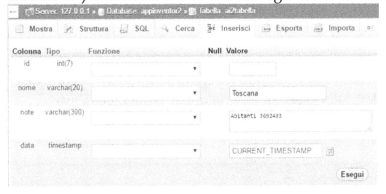

L'immissione effettiva dei dati avviene al click sul pulsate "Esegui".

Subito dopo, se non ci sono errori, viene mostrato il risultato.

Possiamo leggere in alto:

Mostro righe 0-1 (2 del totale, La query ha impiegato 0.0004 secondi) e subito sotto:
SELECT * FROM 'ai2tabella' WHERE 1
che è il codice SQL utilizzato per eseguire la query che ha mostrato tutti i record.
Come possiamo notare:

- Il campo id contiene i valori 1 e 2 rispettivamente per il primo e secondo record che il sistema ha aggiunto eseguendo le istruzioni impartite nella definizione della tabella.
- Il campo data di entrambi i record contiene il valore 2016-04-22 12:23:06 che sta a significare che i record sono stati creati nell'anno 2016, nel mese 04 cioè aprile, nel giorno 22, alle ore 12, 23 minuti e 06 secondi.

  Questi metodo di memorizzare il tempo è molto comodo perché nel caso di ordinamento dei record su questo campo non è necessario nessun'altra operazione. Ad esempio, molto più laborioso sarebbe se il metodo di memorizzazione del tempo usasse la dizione italiana GGMMAAAAHHMMSS

Correzione del contenuto dei campi

Il contenuto dei record può essere modificato, può essere fatto qui o in seguito, facendo click sul pulsante "SQL", mandando in esecuzione una query sulla tabella attiva.
Una volta che i record sono a video utilizzare i pulsanti di azione posti accanto a ogni record (modifica, copia, elimina).

Le stesse operazioni possono essere eseguite su più record selezionandoli con il segno di spunta nella line in basso.

Verifica campo data

Un ultimo controllo può servire a verificare che il campo data si aggiorni come prestabilito, quindi non solo all'inserimento di ogni nuovo record, ma anche volta che il record viene modificato.

Nella visualizzazione di tutti i record come nell'immagine precedente, fare click su Modifica del record con id=2, cioè quello dell'Umbria.

Nella finestra che si apre modificare il contenuto del campo nota scrivendo:
"Abitanti 889497" al posto del testo esistente, quindi fare click sul pulsante "Esegui".
Fare adesso click sul pulsante SQL nella barra in alto, verranno mostrati tutti i record.
Controllare il campo data del record con id=2, dovrebbe contenere data ed ora in cui è stata fatta la modifica.

In caso contrario visualizzare la tabella in modalità struttura e scrivere correttamente gli attributi del campo data.

Nell'esempio seguente il record con id = 2 è stato modificato dal sistema in
2016, mese 04 (aprile), giorno 22 alle ore 12, 25 minuti e 02 secondi. (ora del server)

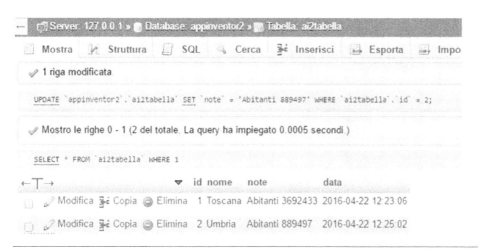

Interrogazione di una tabella

Ogni tabella può essere interrogata scrivendo una query SQL nella finestra che viene visualizzata facendo click su "SQL" oppure su "Cerca" nella barra dei comandi.

Metodo SQL

Di default è mostrata una query che selezione tutti i campi della tabella corrente. Occorre fare click sul pulsante "Esegui".

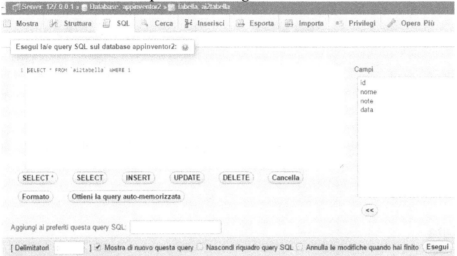

L'elenco dei record generato dall'interrogazione viene visualizzato in un'altra finestra assieme al comando che l'ha generato sotto un messaggio del tipo:

Mostro le righe 0 - 15 (16 del totale, La query ha impiegato 0.0004 secondi.)

Nella pagina è possibile modificare la query eseguita facendo clic sul pulsante Modifica. Non esiste però nessun controllo sintattico ed è quindi adatto solo ed esperti SQL.

Metodo Cerca

Viene mostrata una pagina con l'elenco dei campi come nell'immagine successiva.

Nella colonna Operatore è possibile inserire le condizioni di ricerca:
Maggiore, Minore, LIKE ecc.

Notare che phpMyAdmin propone solo le condizioni ammesse per ciascun tipo di campo, se più di una, fare click sul menu a discesa di ciascun campo.

Nella colonna valore occorre inserire il valore cercato per ogni riga.
I controlli lasciati vuoti non vengono considerati.
Scrivere "Toscana" nel campo nome controllo della colonna Valore
Facendo click sul pulsante "Esegui" la query è mandata in esecuzione.

Con i valori immessi phpMyAdmin crea, di sottofondo, la query necessaria e la esegue.
Si aprirà una finestra con un messaggio del tipo:

Mostro le righe 0 – 0 (1 del totale, La query ha impiegato 0.0004 secondi.)
e sotto mostrata la query che phpMyAdmin a scritto, ad esempio:
SELECT * FROM `ai2tabella` WHERE `nome` LIKE 'Toscana'

Nella stessa pagina un pulsante:
"Crea il codice php", che premuto genera un codice del tipo:

$sql = " SELECT * FROM `ai2tabella` WHERE `nome` LIKE 'Toscana'";
da poter usare in proprie pagine php
Utility ragguardevole per acquisire domestichezza con il linguaggio SQL.
Di seguito l'elenco dei record restituiti da una query eseguita.

Tabelle, copiare, svuotare eliminare

In phpMyAdmin, al click sul pulsate "Operazioni" si apre la pagina dove è possibile:

- Duplicare tabelle, copiandole nello stesso o altro database con i dati o senza.
- Cancellare tutti i record di tabella con il pulsante "Svuota"
- Eliminare tabelle con il comando TRUNCATE

Tabelle, importare ed esportare

Per importare tabelle da un file esterno a phpMyAdmin occorre fare click sul pulsante "Importa" o "Esporta" nel menù un alto.
Per la descrizione vedere i paragrafi:

- Scaricare tabelle dal database locale
- Caricare tabelle su database remoto

Connessione al database

Perché un'applicazione realizzata in php/MySQL possa utilizzare i dati contenuti all'interno di un database deve potervi accedere.
Sembra una frase scontata, ma è un'operazione da compiere.
Questa operazione è possibile usando una procedura comunemente detta "connessione".
Per aprire la connessione dall'applicazione php al database MySQL, deve essere utilizza la funzione mysql_connect().
In caso di successo, mysql_connect(), restituisce un identificativo di connessione, altrimenti restituisce FALSE.

La connessione necessita dei parametri
- hostname: Nome della macchina ospitante.

  Esso identifica univocamente una postazione in Rete.

  Può essere espresso sotto forma di indirizzo IP o stringa.

  Nel caso d'installazione locale hostname è generalmente chiamato "localhost".
- username: Nome dell'utente abilitato a connessione e manipolazione dei dati.

  Nel caso d'installazione locale username è generalmente chiamato "root"
- password: La password che permette di accedere al database
- database: Il nome del database

Generalmente questi parametri vengono inseriti in variabili poi utilizzate per effettuare il collegamento.

Un tipo di collegamento potrebbe presentarsi così:
```
$hostname = "localhost";
$username = "root";
$password = "";
$database = "appinventor2";
$link = mysqli_connect($hostname, $username, $password, $database);
if (mysqli_connect_errno()){ echo "Connessione fallita: " . die (mysqli_connect_error());}
```

Oppure in versioni più datate ma ancora utilizzate:
```
$D =mysql_pconnect($hostname,$username,$password) or
trigger_error(mysql_error(),E_USER_ERROR);
```

Il diverso tipo di connessione obbliga a usare diversi tipi di sintassi per le query.
Da non confondere con sintassi SQL che rimane identica.
Se viene usato il codice più datato (quello contenuto nelle pagine d'esempio scaricate che nel loro nome hanno ai2- (trattino) , si dovrebbe avere una risposta del genere:
Deprecated: *mysql_pconnect(): The mysql extension is deprecated and will be removed in the future: use mysqli or PDO instead in **D:\inetpub\webs\nomeserver\ai2-connessionedb.php** on line **xy***
Entrambe le versioni sono scaricabili dal sito dell'autore.

Script di connessione

In risorse del computer recarsi nella cartella:
C:\xampp\htdocs\dashboard (quella contenete phpinfo.php)
e creare un cartella con nome "AI2" .
La cartella "AI2" conterrà tutte le pagine php necessarie al funzionamento di
App_Web_PHP_MySQL.
La stessa disposizione delle cartelle verrà poi riprodotto su server in Internet.

Aprire il blocco note e scrivere il testo dello script sottostante fra <?php e ?> compresi.
Salvare la pagina nella cartella C:\xampp\htdocs\dashboard\AI2
con il nome ai2-connessionedb.php
La cartella può essere diversa da dashboard, è comunque quella dove il test di php è
riuscito (vedere paragrafo **php test**).
Attenzione all'estensione del file perché il blocco note di Windows salva con estensione
txt, eventualmente, dopo salvato, cambiare l'estensione da txt a php altrimenti lo script
non funziona.
Questa pagina funzionerà sia col database locale che remoto.

```php
<?php
//echo 'SERVER_NAME = '.$_SERVER['SERVER_NAME']."<br>";
if ($_SERVER['SERVER_NAME'] == 'localhost') {
//echo"sono in locale";
$hostname = "localhost";
$username = "root";
$password = "";
$database = "appinventor2";
$NomeConnessione = mysql_pconnect($hostname, $username, $password) or
trigger_error(mysql_error(),E_USER_ERROR);
}
else
{
//echo"sono in remoto";
$hostname = "11.222.333.444";
$username = "Sql999999";
$password = "abcdefghijk";
$database = "appinventor2";
$NomeConnessione = mysql_pconnect($hostname, $username, $password) or
trigger_error(mysql_error(),E_USER_ERROR);
}
?>
<?php // // stringa di connessione
mysql_select_db($database, $NomeConnessione);
?>

<?php //esecuzione della query per visualizzare il contenuto della tabella
```

```
/*
$query = "Select ai2tabella.id, ai2tabella.nome, ai2tabella.note, ai2tabella.data From
ai2tabella ";
$result = mysql_query($query) or die ("Quesry failed; " .mysql_error());
while ($row = mysql_fetch_array($result))
{echo "<br>".$row['id'], " - " , $row['nome'], " - " , $row['note'], " - " , $row['data'];}
*/
?>
```

Una volta terminato, aprire il browser e nella barra degli indirizzi scrivere:
http://localhost:81/dashboard/AI2/ai2-connessionedb.php

Senza ":81" se non è stata cambiata la porta e sostituendolo se il numero della porta è diverso.
Stessa cosa per la cartella dashboard, se è una cartella diversa inserire il nome idoneo.
Dovrebbe apparire una pagina completamente bianca, il test ha avuto esito positivo.
Se si vuole vedere cosa può essere letto, è possibile fare un'ulteriore test,
il file scaricato contiene anche il codice:

```
<?php //esecuzione della query per visualizzare il contenuto della tabella
/*
$query = "Select ai2tabella.id, ai2tabella.nome, ai2tabella.note, ai2tabella.data From
ai2tabella ";
$result = mysql_query($query) or die ("Quesry failed; " .mysql_error());
while ($row = mysql_fetch_array($result))
{echo "<br>".$row['id'], " - " , $row['nome'], " - " , $row['note'], " - " , $row['data'];}
*/
?>
```

Togliere /* e */   , salvare e rilanciare, dovrebbe apparire sul monitor il contenuto della tabella "ai2tabella" simile a:
1 - Toscana - Abitanti 3692433 - 2016-04-22 12:23:06
2 - Umbria - Abitanti 889497 - 2016-04-22 12:25:02

....

....

Il nome del database $database non sempre può essere scelto, a volte è imposto dal provider Internet.
Ovviamente i dati di connessione per il database in remoto sono di fantasia

Inserire modificare cancellare da php

Il software phpMyAdmin è un'interfaccia grafica che permette di amministrare direttamente database e tabelle in essi contenute.
Con phpMyAdmin è possibile visualizzare il contenuto dei database, creare, modificare e cancellare tabelle e/o singoli record, fare i backup, visualizzare informazioni sui componenti del database ecc.
phpMyAdmin è uno strumento utilissimo per chi, anche esparto di php/MySQL, desidera creare o velocizzare i test sui database che sta implementando.

Ma una volta che con phpMyAdmin tutto è testato e pronto per essere usato, compreso lo script di connessione, per le operazioni di gestione del database occorre qualcosa di utilizzabile anche ad utenti non esperti di programmazione.

Uno script che giri in Internet e che mediante password le persone abilitate possano inserire, modificare, cancellare i record anche senza conoscere i comandi che sottostanno a queste operazioni.

Per queste operazioni, lo script presentato in questa guida è **ai2-gestionedati.php**

Poiché questo script è destinato a girare in Internet, per averne accesso e gestirlo, verranno implementate altre due pagine (scaricabili dal sito dell'autore):

- **ai2-index.php**: In questa pagina dovrà avvenire l'accesso mediante immissione di Username e Password con successiva conferma facendo click su di un pulsante.
  Se Username e Password sono esatte verrà impostata la variabile di sessione $_SESSION['accesso'], e l'utente verrà rediretto alla pagina **ai2-gestionedati.php.**
  - La variabile di sessione $_SESSION['accesso'] è in grado di tenere traccia di scelte e dati trasmessi tra client e server.
    Con questo meccanismo si tiene traccia delle precedenti scelte fatte dall'utente (Username e Password digitate in maniera esatta).

- **ai2-accessosessione.php**: In questa pagina viene testata, (dopo ogni operazione in **ai2-gestionedati.php**) la variabile di sessione $_SESSION['accesso']
  Nel caso $_SESSION['accesso'] non contenga i valori idonei lo script **ai2-gestionedati.php** cessa rimandando alla pagina **ai2-index.php.**
  Un meccanismo interno a questa pagina testa se lo script è in locale oppure in Internet ed agisce solo nel secondo caso.

I comandi php include e require_once

Con php, come per qualsiasi altro linguaggio di programmazione, può capitare di dover eseguire più volte lo stesso codice che compie un determinato lavoro.
Per non doverlo riscrivere più volte i comandi include o require permettono di includere una pagina all'interno di un'altra (quella contenente include o require).
Il contenuto della pagina inclusa viene posizionato nel punto in cui compare il comando.
Le differenze tra include() e require_once() si possono notare quando il codice viene incluso più volte oppure la pagina da includere non viene trovata, ma la descrizione dettagliata esula dal contenuto di questa guida.

In questi script l'inclusione viene fatta:
- Da pagina **ai2-gestionedati.php** di:
  - **ai2-connessionedb.php** , connessione al database
  - **ai2-accessosessione.php** , testa variabile $_SESSION['accesso']
- Da pagina **ai2-interfaccia.php** di:
  - **ai2-connessionedb.php** connessione al database

ai2-gestionedati.php

Il codice della pagina è semplificato il più possibile eliminando quanto esula dal mero funzionamento. La pagina deve trovarsi nella cartella "AI2" e può essere editata con il blocco note di Windows.
Nella pagina sono presenti 3 form che rimandano alla pagina stessa e 2 funzioni.
- formNUOVO: Inserimento nuovo record.

  Comunica il nome della regione da inserire.

  Nell'inserimenti, il sistema aggiunge un indice id per il nuovo record.

  Si attiva al click sul pulsante id="button3"
- formMODIFICA: Comunica indice id del record al quale apportare le modifiche, le modifiche da apportare ai campi.

  Nel caso il record sia stato appena inserito, permette di completarlo.

  Si attiva al click sul pulsante id="button"
- formELIMINA: Comunica indice id del record da eliminare.

  Si attiva al click sul pulsante id="button2"
- funzione addslashes() antepone il carattere backslash (\) a tutti i caratteri che potrebbero interferire con la corretta esecuzione di una query.

  Questi caratteri sono: apice singolo, doppio apice, backslash, NUL
- funzione stripslashes() compie il lavoro inverso di addslashes()

Codice commentato di ai2-gestionedati.php

```php
<?php include('ai2-accessosessione.php'); ?>
<?php require_once('ai2-connessionedb.php'); ?>

<?php // NuovoRecord
/*
Il comando: $sql = "INSERT INTO ai2tabella (nome) VALUES ('$nomeNEW')";
inserisce il nuovo record con il valore della variabile $nomeNEW nel campo nome.
Come stabilito nella definizione della tabella, al nuovo record viene assegnato un nuovo
indice id In modo automatico, che è unico e con valore progressivo.
*/
$nomeNEW = addslashes(isset($_POST['nomeNEW']) ? $_POST['nomeNEW'] : 0);
if(strlen($nomeNEW)>3)
{
$query = "INSERT INTO ai2tabella (nome) VALUES ('$nomeNEW')";
$result = mysql_query($query) or die ("Quesry failed; " .mysql_error());
}
?>


<?php // modifica
/*
Modifica un record esistente.
Questo avviene al click sul pulsante id="button" del form formMODIFICA, che passa
l'indice id del record contenuto nella variabile $idmodifica.
if($idmodifica > 0), controlla che $idmodifica abbia un valore superiore a zero.
In caso affermativo nelle varibili $nome e $note vengono inseriti i valori per la quey di
modifica del record.

Il comando: $sql ="UPDATE ai2tabella SET nome = '$nome', note = '$note' WHERE id =
$idmodifica";
inserisce il nuovo valore nei campi della tabella ai2tabella all'id del record il cui valore è
contenuto nella variabile $idmodifica
*/
$idmodifica = isset($_POST['idmodifica']) ? $_POST['idmodifica'] : 0;
if($idmodifica > 0)
{
        $nome = addslashes(isset($_POST['nome']) ? $_POST['nome'] : "no nome");
        $note = addslashes(isset($_POST['note']) ? $_POST['note'] : "no note");
$query = "UPDATE ai2tabella SET nome = '$nome', note = '$note' WHERE id =
$idmodifica ";
$result = mysql_query($query) or die ("Quesry failed; " .mysql_error());
}
?>


<?php // cancella
```

```
/*
Elimina un record.
Questo avviene al click sul pulsante id="button2"del form formELIMINA, che passa
l'indice id del record da cancellare.
if($idcancella > 0), controlla che $i idcancella abbia un valore superiore a zero.
Il comando: $sql =" DELETE FROM ai2tabella WHERE id = $idcancella "
elimina il record il cui valore è contenuto nella variabile $idcancella
*/
$idcancella = isset($_POST['idcancella']) ? $_POST['idcancella'] : 0;
if($idcancella > 0)
{
$query = "DELETE FROM ai2tabella WHERE id = $idcancella ";
$result = mysql_query($query) or die ("Quesry failed; " .mysql_error());
}
?>


<?php // legge tabella
/*
Viene creata la query per visualizzare i record, quindi mandata in esecuzione.
Il risultato è nella variabile $result
*/
$query = "Select ai2tabella.id, ai2tabella.nome, ai2tabella.note, ai2tabella.data From
ai2tabella";
$result = mysql_query($query) or die ("Quesry failed; " .mysql_error());
?>


<!doctype html>
<html>
<head>
<!-- codifica dei caratteri con vocali accentate ecc. e titolo pagina -->
<meta charset="utf-8">
<title>-Gestione dati</title>
<!--
Comandi CSS che marginano la pagina e ne centrano il testo
-->
<style type="text/css">
body {margin-left: 0px;margin-top: 0px;margin-right: 0px;margin-bottom: 0px; text-
align:center;}
</style>
</head>

<body>
<!--
Inizio tabella che conterrà i dati, essa è larga il 100% del suo contenitore ed io bordo di 1
pixel
-->
<table width="100%" border="1">
```

```
<!--
Prima riga della tabella i tag fra <tr> e </tr> identificano inizio e fine di una riga, i tag fra <td> e </td> identificano inizio e fine di una cella
-->
<tr><td> </td><td>

<!--
form per l'inserimento di un nuovo record, method="post" è il metodo di passaggio dei dati, action="" richiama la stessa pagina
-->
 <form name="formNUOVO" method="post" action="">

<!--
Pulsante per l'invio dei dati, id="button3" è l'identificativo, value="Nuovo record" è il testo che può essere letto sul pulsante
-->
 <input type="submit" name="button3" id="button3" value="Nuovo record">
 <br>
<!--
Testo che verrà inviato per essere inserito nel campo nome del nuovo record.
Il testo verrà inviato contenuto in id="nomeNEW" il cui valore dovrà essere inserito dall'utente in value=""
 -->
 <input name="nomeNEW" type="text" id="nomeNEW">

 </form>

 </td><td> </td><td> </td><td> </td></tr>

<!--
Seconda riga della tabella con intestazione delle colonne/campi
-->

<tr><td>modifica</td><td>nome</td><td>note</td><td>data</td><td>cancella</td></tr>

<?php
/*
Inizio della lettura vera e propria dei record con il ciclo while.
Ogni record viene letto in $row e scomposto nei campi
$row['id'] - $row['nome'] -  $row['note'] - $row['data']
quindi inseriti nei controlli corrispondenti.
Il numero delle righe viene generato dal php nella quantità esatta a contenere tutti i record.
*/
while ($row = mysql_fetch_array($result))
```

```
{
// Lettura campi (non visibile sulla pagina percé preceduta da //
//echo $row['id']." - ".$row['nome']." - ".$row['note']." - ".$row['data']. "<br>";
?>


<!--
terza riga inizio righe per i record
Inizio form formMODIFICA, , method="post" è il metodo di passaggio dei dati, action=""
richiama la stessa pagina
-->
 <tr><form name="formMODIFICA" method="post" action="">
 <td>
 <!--
 Pulsante per l'invio dei dati del record da modificare
 -->
 <input type="submit" name="button" id="button" value="modifica">


 <!--
 Identificativo per la modifica del record è i id="idmodifica".
 Al caricamento della pagina value="0", nella generazione della riga della pagina value
 assume il valore id del record rappresentato.
 -->
 <input name="idmodifica" type="text" id="idmodifica" value="<?php echo $row['id']
?>">
 </td>


 <!-- Seconda cella per il campo nome, value assume il valore del campo del record
rappresentato. -->
 <td><input name="nome" type="text" id="nome" value="<?php echo
stripslashes($row['nome']) ?>"></td>


 <!--
 Terza cella per il campo note, value assume il valore del campo del record rappresentato.
 -->
 <td><textarea name="note" id="note"><?php echo stripslashes($row['note'])
?></textarea></td>


 <!--
 Quarta cella per il campo data (anno, mese,giorno,ore,minuti,secondi), value assume il
valore del campo del record rappresentato.
 Questo valore viene inserito come momento di creazione del record e cambia ad momento
di ogni sua modifica
 -->
 <td><?php echo $row['data'] ?></td>
 </form>


 <!--
```

Quinta cella per il campo Elimina, method="post" è il metodo di passaggio dei dati, action="" richiama la stessa pagina
-->
<td><form name="formELIMINA" method="post" action="">

<!--
Pulsante per l'invio dei dati del record da eliminare
-->
<input type="submit" name="button2" id="button2" value="cancella">

<!--
Identificativo per la modifica del record è id=" idcancella ".
Al caricamento della pagina value="0", nella generazione della riga della pagina value assume il valore dell' id del record rappresentato.
-->
<input name="idcancella" type="text" id="idcancella" value="<?php echo $row['id'] ?>">
</form></td>
</tr>
<?php
}
/*
Fine ciclo del loop while.
Ogni loop ha creato una nuova linea della tabella contenente un record
*/
?>
</table>
</body>
</html>

Come tutte le altre pagine php deve trovarsi all'interno della cartella AI2
Aprire un browser e nella barra degli indirizzi digitate,
http://localhost:81/dashboard/AI2/ai2-gestionedati.php
o comunque l'indirizzo valido per raggingere la pagina ai2-gestionedati.php
Risultato del codice in esecuzione:

| Gestione dati | × | + | | | |

← → C ↺ ⤾ ★ | ☆ http://localhost:81/SITI/www.vizzero.it/AI2/ai2gesti |

	Nuovo record			
modifica	nome	note	data	cancella
modifica 1	Toscana	Abitanti 3692433	2016-04-23 10:46:57	cancella 1
modifica 2	Umbria	Abitanti 889497	2016-04-22 12:25:02	cancella 2

ai2-index.php

In questa pagina avviene l'accesso mediante immissione di Username e Password con successiva conferma facendo click su di un pulsante.
Con Username e Password esatte viene impostata la variabile di sessione $_SESSION['accesso'], e l'utente verrà rediretto alla pagina ai2-gestionedati.php descritta in precedenza.

Con la variabile di sessione $_SESSION['accesso'] viene tenuto traccia delle scelte fatte dall'utente, in questo caso Username e Password.
Nella pagina è presente 1 form per l'acquisizione di username e password, che rimanda alla pagina stessa.

Username e Password vengono controllati e se corrispondono a quegli stabiliti viene lanciata session_start(); e crata la variabile di sessione $_SESSION['accesso'] = "ok";

Subito dopo l'utente viene reindiretto alla pagina ai2-gestionedati.php con

echo '<META HTTP-EQUIV="REFRESH" CONTENT="0; URL=ai2-gestionedati.php">';

pagina ai2-gestionedati.php descritta in precedenza.

Nel caso Username o Password non siano quegli stabiliti, la pagina si ricarica rimanendo in attesa di un nuovo inserimento di Username e Password.

Codice commentato di ai2-index.php
```php
<?php
/*
Riceve username e Password.
Naturalmente al primo avvio le variabili sono vuote e quindi la pagina viene caricata
completamente emessa in attesa dell'immissione di Username e Password
*/

$Username = isset($_POST['Username']) ? $_POST['Username'] : "";
$Password = isset($_POST['Password']) ? $_POST['Password'] : "";

/*

Testa username e Password,
se esatte devono essere Username = "MiaUsername" e Password = "MiaPassword"
Cambiando "MiaUsername" e "MiaPassword" possono essere personalizzare e sostituiti
con quelle che si desidera.
*/

if ($Username == "MiaUsername" and $Password = "MiaPassword")
{
```

```
/*
Se il test ha esito positivo è lanciata session_start (), creata la variabile di sessione
$_SESSION['accesso']= "ok";
assegnandole un valore da testare durante i caricamenti della pagina  ai2-gestionedati.php
l'utente viene rediretto vero la pagina ai2-gestionedati.php
*/

session_start ();
$_SESSION['accesso'] = "ok";
echo '<META HTTP-EQUIV="REFRESH" CONTENT="0; URL=ai2-gestionedati.php">';
}
?>

<!doctype html>
<html>
<head>
<meta charset="utf-8">
<title>-AI2 e PHP/MySQL</title>

<style type="text/css">
/* Comandi CSS che formattano pagina e testo */
body {margin-left: 0px;margin-top: 0px;margin-right: 0px;margin-bottom: 0px;
font:Arial, Helvetica, sans-serif; font-size:12px; }
table {font-size: 80%;align:left; valign:top;}
</style>

</head>

<body>

<?php
/*
Legge la data corrente sul server, questo non è necessario al funzionamento della pagina,
ma solo dimostrazione di gestione di dato/orari che verranno poi usati nei record.
*/
$giorno = date("j"); $mese = date("n"); $anno = date("Y"); $ora = date("H:i"); $settimana =
date("w");
$giornosettimana = array ("Domenica", "Lunedi", "Martedi", "Mercoledi","Giovedi",
"Venerdi", "Sabato");
$nomemese = array (1 => "gennaio", "febbraio", "marzo", "aprile","maggio", "giugno",
"luglio", "agosto", "settembre", "ottobre", "novembre", "dicembre");
echo ("$giornosettimana[$settimana]" . " " . "$giorno" . " " . "$nomemese[$mese]" . " " .
"$anno")." ore $ora ";
?>

<br>Inserire username e password
```

```
<!--
Form per l'acquisizione di Username e Password, method="post" è il metodo di passaggio
dei dati, action="" richiama la stessa pagina.
-->

<form name="form1" method="post" action="">

<!--
Il testo dell'Username che verrà inviato per essere testato sarà contenuto in
id="Username" il cui valore dovrà essere inserito dall'utente in value=""
-->
<input type="password" name="Username" id="Username"><br>

<!--
Il testo della Password che verrà inviato per essere testato sarà contenuto in  id="
Password " il cui valore dovrà essere inserito dall'utente in value=""
-->
<input type="password" name="Password" id="Password"><br>

<!--
Pulsante per l'invio dei dati, id="button" è l'identificativo, value="Accedi" è il testo che
può essere letto sul pulsante
-->
<input type="submit" name="button" id="button" value="Accedi">
</form>
</body>
</html>
```

Come tutte le altre pagine php deve trovarsi all'interno della cartella AI2
Aprire un browser e nella barra degli indirizzi digitate,
http://localhost:81/dashboard/AI2/ai2-index.php
o comunque l'indirizzo valido per raggiungere la pagina ai2-index.php
Risultato del codice in esecuzione:

AI2 e PHP/MySQL

Lunedì 16 maggio 2016 ore 18:29
Inserire username e password

Accedi

ai2-accessosessione.php

Questa pagina, che deve trovarsi all'interno della cartella "AI2", controlla che la variabile di sessione (quella assegnata dopo l''immissione di Username e Password abbia contenuto valido).

Codice commentato di ai2-accessosessione.php

```php
<?php
session_start(); // Avvia la sessione deve essere all'inizio
/*
Tipo server, locale o internet
echo 'SERVER_NAME = '.$_SERVER['SERVER_NAME']."<br>";
Testa se in locale, se esito positivo non testa la variabile di sessione
*/
if ($_SERVER['SERVER_NAME'] == 'localhost'){}
else // altrimenti
{
/*
Testa la variabile di sessione $_SESSION['accesso'], se non contiene "ok" rimanda alla
pagina ai2-index.php per chiedere inserimento di username e password.
*/
if($_SESSION['accesso'] <> "ok")
{echo '<META HTTP-EQUIV="REFRESH" CONTENT="0; URL=ai2-index.php">';}
}
?>
```

Interfaccia App Android con database MySQL

Ora che abbiamo, in locale, un server funzionante con database MySQL, pagine php per proteggere, inserire, modificare e cancellare record, occorre la pagina che selezioni i dati della tabella e nello stesso tempo sia l'interfaccia con la App_Web_PHP_MySQL per Sistema Operativo Android assemblata con App Inventor.
Questa interfaccia avrà nome "ai2-interfaccia.php".

Il modo di selezione dei dati lo si è già visto nel file ai2-gestionedati.php con il codice:

```php
<?php
// esecuzione della query per visualizzare tabella
$query = "Select ai2tabella.id, ai2tabella.nome, ai2tabella.note, ai2tabella.data From
ai2tabella";
$result = mysql_query($query) or die ("Quesry failed; " .mysql_error());
echo $row['id']." - ".$row['nome']." - ".$row['note']." - ".$row['data']. "<br>";
?>
```

Vengono letti e messi a video tutti i record della tabella e tutti i campi di ogni record, senza nessun tipo di ordinamento ne' di filtraggio dei contenuti.

Per farlo da App_Web_PHP_MySQL su dispositivo Android, imponendo sui campi ordinamento e selezione, occorre scegliere un metodo per il passaggio dai comandi fra App_Web_PHP_MySQL e "ai2-interfaccia.php".
Scelto il metodo, occorre definire alcune regole che operino con il metodo scelto facendo in modo che App_Web_PHP_MySQL e "ai2-interfaccia.php" possano comunicare fra loro.

Per il passaggio dei comandi dalla App alla pagina php su server Internet è stato scelto il metodo query-string.

query-string

Una query-string è la parte di un URL (indirizzo Internet) contenente dei dati da passare in input ad un programma, in questo caso ad una pagina web in formato php.

Nell'esempio vengono usate pagine php, ma non è l'unico possibile, ad esempio javascript può gestire le query-string e poi, nella pagina, proseguire ad es. con tecnologia AJAX.

Dalla App, L'URL della query-string dovrà contenere l'indirizzo completo atto a raggiungere la pagina web in Internet.
Al termine dell'URL, il segno di "?" apre la query-string.
I comandi passati con la query-string non comprendono il segno di "?", ma tutto ciò che lo segue.
Essendo implementata in tutti i browser e nei linguaggi di scripting, la sintassi della query-string è di fatto uno standard, essa segue il seguente schema:
* Punto interrogativo ?
* parametro1=valore1&parametro2=valore2&parametro3=valore3

A ciascun parametro viene assegnato un valore utilizzando il segno "=".
I parametri sono intervallati fra loro dal simbolo "&"

Il protocollo HTTP non prevede limiti di lunghezza degli URL, anche se alcuni browser limitano tale lunghezza a circa 2000 caratteri, comunque più che sufficienti per gli scopi dell'interfaccia.
La quantità dei parametri è quindi limitata solo dalla lunghezza della query-string accettata del browser che la riceverà.

Se la query-string supera la lunghezza ammessa del browser ricevente non ci sono di solito errori, solo che i valori in eccedenza vengono ignorati.

Alcuni caratteri alfabetici assumono caratteristiche peculiari quando usati all'interno delle query-string.
Non esiste alcuna reale limitazione al loro utilizzo, ma nella programmazione delle quesry-string è meglio evitarli perché creano ambiguità e comunque vanno codificati prima del loro uso.

- **Caratteri riservati nella query-string**:
  All'interno degli URL, alcuni caratteri hanno specifiche funzioni e per evitare conflitti è meglio non usarli o, in alternativa, devono essere codificati prima della trasmissione.
  I caratteri riservati sono: $ - & - + - , - / - : - ; - = - ? - @ (il trattino - qui usato come divisorio è ammesso)
  Altri caratteri possono creare ambiguità ed è sconsigliabile l'uso, essi sono:
  " " (spazio) """ (doppi apici) "<" ">" "#" "%", comunque per usarli è meglio codificarli prima della trasmissione.
- **Codifica URLencode** :
  Nella codifica, ciascun carattere da codificare, viene sostituito da una tripletta composta dal simbolo "%" seguito da 2 caratteri che rappresentano il corrispondente valore esadecimale.
  Ad esempio: %20 rappresenta uno spazio, %24 rappresenta il simbolo $ e così via.
  Lo spazio può anche essere rappresentato con il simbolo "+", una notazione abbreviata utilizzata per rendere le query-string interpretabili anche da quei sistemi che non supportano gli spazi.

Per rendere più comprensibile il codice in App_Web_PHP_MySQL, per la comunicazione fra questa e "ai2-interfaccia" è stato fatto in modo di non usare caratteri riservati.

ai2-interfaccia.php

Il codice dell'interfaccia è suddiviso in tre sezioni.
Sezione comune:
A) Si collega al database
B) Definisce la Label per i nomi dei campi e l'ordinamento
C) Riceve comandi e valori con la query-string.
Dalla query-string riceve il comando su quale fra le sezioni 1 e 2 mandare in esecuzione.
Sezione 1
Seleziona e filtra i dati
Sezione 2
Restituisce il contenuto dei record richiesti

Compiti e regole nell'interfaccia

La tabella "ai2tabella" ha 4 campi, l'App potrà comandare di:
- Ordinare in senso ascendente o discendente uno qualsiasi dei campi della tabella.
- Filtrare, cioè selezionare, i record della tabella di un qualsiasi campo.
  Per farlo l'App invierà l'identificativo di un campo e il testo da cercare.
    - Il testo verrà cercato in un punto qualsiasi del campo identificato.
    - Verranno mostrati tutti i record che nel campo filtrato hanno quel testo.
- Restituire a App_Web_PHP_MySQL il contenuto dei record richiesti.

Variabili dell'interfaccia

Variabili che riceveranno i valori come query-string da App_Web_PHP_MySQL:

- $IO: numero con valore di 1 o 2, corrispondente alla sezione da utilizzare.

  Se $IO = 1: va in esecuzione la sezione 1, seleziona e filtra i dati

  Se $IO = 2: va in esecuzione la sezione 2, restituisce contenututo record richiesti

- $N: numero del campo (da 0 a 3) sul quale ordinare i record che verranno filtrati

- $T: tipo ordinamento a-z oppure z-a

- $C: colonna/campo (da 0 a 3) sul quale applicare il filtro

- $F: filtro da applicare sul campo $C

- $id: indice del record il cui contenuta è da restituire a App_Web_PHP_MySQL

Codice commentato di ai2-interfaccia.php

```php
// collegamento al database
<?php require_once('ai2-connessionedb.php'); ?>

<?php
// nomi dei campi e tipo ordinamento
$Campo = array("id","nome","note","data");
$TipoOrdinamento = array("", "Desc");
$CampoRicerca = array("id","nome","note","data");
?>

<?php
// Input Output 1=selezione/filtraggio 2=restituisce il record id
$IO = isset($_GET['IO']) ? $_GET['IO'] : 0;

// per array $Campo[] : numero del campo sul quale ordinare (da 0 a 3)
$N = isset($_GET['N']) ? $_GET['N'] : 1;

// per array $TipoOrdinamento[] : tipo ordinamento a-z oppure z-a (Desc)
$T = isset($_GET['T']) ? $_GET['T'] : 0;

// per array $CampoRicerca[] : colonna/campo sul quale applicare il filtro (da 0 a 3)
$C = isset($_GET['C']) ? $_GET['C'] : 2;

// filtro da applicare sul campo $CampoRicerca[]
$F = isset($_GET['F']) ? $_GET['F'] : "%";

// id del record richiesto (se $IO == 2)
$id = isset($_GET['id']) ? $_GET['id'] : 0;

/*
Restituisce una stringa con backslash
```

prima dei caratteri che compromettono l'esecuzione di una query
la funzione rende la query utilizzabile anche con i caratteri
apostrofo ('), doppie virgolette ("), barra rovesciata (\ ) e NUL.
funzione stripslashes() compie il lavoro inverso di addslashes()
viene usata sui dati letti dalla tabella prima di usarli
```php
*/
$F = addslashes($F);
?>
```

```php
<?php
// sezione 1
/*
Ordina in senso ascendente o discendente uno qualsiasi dei campi in della tabella.
Filtra i record della tabella di un qualsiasi campo.
Il testo è cercato in un punto qualsiasi del campo identificato
Verranno mostrati tutti i record che nel campo filtrato hanno quel testo.
*/
if($IO == 1)
{
// esecuzione della query per visualizzare tabella
$query = "Select ai2tabella.id, ai2tabella.nome, ai2tabella.note, ai2tabella.data
From ai2tabella
Where ai2tabella.".$CampoRicerca[$C]." Like '%".$F."%'
Order By ai2tabella.".$Campo[$N]." ".$TipoOrdinamento[$T];

// esecuzione della query risultato in $result
$result = mysql_query($query) or die ("Quesry failed; " .mysql_error());
?>
```

```html
<!doctype html>
<html>
<head>
<meta charset="utf-8">
<title>-Selezione dati</title>
<style type="text/css">
/* Comandi CSS che formattano pagina e testo */
body {margin-left: 0px;margin-top: 0px;margin-right: 0px;margin-bottom: 0px;
font:Arial, Helvetica, sans-serif; font-size:12px; }
table {font-size: 80%;align:left; valign:top;}
</style>
</head>

<body>
<table width="100%" border="1">
<!-- nomi delle colonne/campi della tabella -->
<tr><td>id</td><td>nome</td><td>note</td><td>data</td></tr>
```

```php
<?php
// loop sul risultato della query
while ($row = mysql_fetch_array($result))
{
//echo $row['id']." - ".$row['nome']." - ".$row['note']." - ".$row['data']. "<br>";
// mette i record sul display
?>
 <tr>
  <td align="left" valign="top"><?php echo $row['id'] ?></td>
  <td align="left" valign="top"><?php echo stripslashes($row['nome']) ?></td>
  <td align="left" valign="top"><?php echo stripslashes($row['note']) ?></td>
  <td align="left" valign="top"><?php echo $row['data'] ?></td>
 </tr>
<?php
}
?>
</table>
</body>
</html>
<?php
}
?>


<?php
// sezione 2
// Restituisce il contenututo dei record richiesti
if($IO == 2)
{
// codice della query
$query = "Select ai2tabella.id, ai2tabella.nome, ai2tabella.note, ai2tabella.data
From ai2tabella
Where ai2tabella.id = $id ";

// esegue la query
$result = mysql_query($query) or die ("Quesry failed; " .mysql_error());
$QuantitaRecord = mysql_num_rows($result); // quantità record

if($QuantitaRecord > 0) // se il record c'è
{
$Record = mysql_fetch_assoc($result);
/*
inserisce il contenuto del record nella variabile
da usare per trasmetterne il contenuto
*/
$testo =
$Record['id']."\n".stripslashes($Record['nome'])."\n".stripslashes($Record['note'])."\n".stripslashes($Record['data']);
```

```
}
else // altrimenti
{
$testo = "Il record $id non esiste";
}
echo $testo; // trasmette alla App Android il contenuto del record
}
?>
```

L'esecuzione della sezione 2 si occupa di trasmettere all'App i record richiesti.
La richiesta da parte dell'App "App_Web_PHP_MySQL" avviene dal componente Web di
App inventor che tramette lo id del record che vuole ricevere.
Nel caso il record non esista la pagina "ai2-interfaccia.php" risponde con:
"Il record $id non esiste"

Testare ai2-interfaccia.php in locale

Aprire un browser e nella barra degli indirizzi digitate,
http://localhost:81/dashboard/AI2/ai2-interfaccia.php
o comunque l'indirizzo valido per raggiungere la pagina ai2-interfaccia.php
dovrebbe caricarsi una pagina vuota.
Questo vuol dire che il codice funziona perché per dafault il codice:
$IO = isset($_GET['IO']) ? $_GET['IO'] : 0;
assume nella variabile $IO il valore zero e quindi non vengono eseguite nessuna delle 2
sezioni successive.

Fare le controprove

Cambiare
$IO = isset($_GET['IO']) ? $_GET['IO'] : 0;
con
$IO = isset($_GET['IO']) ? $_GET['IO'] : 1;
e salvare la pagina.
Aprire un browser e nella barra degli indirizzi digitate l'indirizzo per raggiungere la
pagina ai2-interfaccia.php
All'esecuzione della sezione 1 il risultato dovrebbe essere simile a questo

id	nome	note	data
1	Toscana	Abitanti 3692433	2016-04-23 10:46:57
2	Umbria	Abitanti 889497	2016-04-22 12:25:02

Cambiare
$IO = isset($_GET['IO']) ? $_GET['IO'] : 0;
con
$IO = isset($_GET['IO']) ? $_GET['IO'] : 2;
e salvare la pagina.
Aprire un browser e nella barra degli indirizzi digitate l'indirizzo per raggingere la pagina
ai2-interfaccia.php
Dovrebbe apparire un risultato simile a questo:

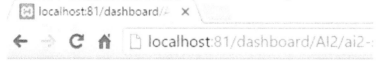

Il record 0 non esiste

Significa che tutto è a posto perché nella pagina la linea:
$id = isset($_GET['id']) ? $_GET['id'] : 0;
assume per default la trasmissione alla App del record zero, quindi lo cerca e non
trovandolo risponde:
"Il record 0 non esiste"

Modificare il codice
$id = isset($_GET['id']) ? $_GET['id'] : 0;
con
$id = isset($_GET['id']) ? $_GET['id'] : XX;
dove XX è il valore dell'id per un record esistente, salvare la pagina e aggirnarla.
Se tutto è a posto, comparirà a video il contenuto di quel record.

Memorizzare dati nella tabella con php

Ora che anche l'interfaccia fra l'App Android e la tabella del database php/MySQL è pronta occorre inserire dei dati "reali" nella tabella e poi caricare tutto in Internet.
La cosa migliore è farlo in locale di modo che, in caso di errori, sia più facile individuarli e correggerli.
Lanciare il file ai2-gestionedati.php ad esempio digitando nella barra del browser;
Digitare http://localhost:81/dashboard/ai2-gestionedati.php
Verranno memorizzati nomi di alcune regioni italiane ed una breve descrizione di ciascuna di esse.

Contenuto dei record nella tabella scaricabile.

id	nome	note	data
1	Toscana	La Toscana è una regione italiana di 3692433 abitanti, situata nell'Italia centrale, con capoluogo Firenze.	2015-11-09 15:25:32
2	Umbria	L'Umbria è una regione dell'Italia centrale di 889497 abitanti posta nel cuore della penisola.	2014-09-10 09:32:02
3	Piemonte	Il Piemonte è una regione dell'Italia nord-occidentale di 4.377.791 abitanti con capoluogo Torino.	2016-05-08 09:10:11
4	Val d'Aosta	La Valle d'Aosta (in francese: Vallée d'Aoste), con capoluogo Aosta, ha superficie di 3 263 kmq e 127562 abitanti.	2013-12-11 10:09:08
5	Sicilia	La Sicilia, ufficialmente Regione Siciliana, è una regione italiana autonoma a statuto speciale di 4995543 abitanti, con capoluogo Palermo.	2016-06-14 14:01:23
6	Sardegna	Regione italiana a statuto speciale insieme con le isole e gli arcipelaghi che la circondano è estesa 24100 kmq ha 1658649 abitanti distribuiti in 377 comuni.	2016-01-02 03:40:05
7	Basilicata	La Basilicata o anche comunemente Lucania è una regione dell'Italia Meridionale di 575 230 abitanti e ha come capoluogo Potenza.	2014-05-09 07:36:01
8	Lazio	Regione italiana a statuto ordinario dell'Italia Centrale di 5891582 abitanti. Capoluogo e capitale d'Italia è Roma.	2015-04-07 18:15:25

Caricare in Internet database e pagine php

In locale tutto è abbastanza semplice e se sono state seguite le indicazioni il server locale e le pagine dovrebbero funzionare perfettamente.
Alcune difficoltà possono aversi, per ragioni di sicurezza, quando il database è in Internet.
Quasi tutti i provider autorizzano l'accesso ai database posti sui loro server solo su richieste provenienti da IP considerati attendibili, ed una delle caratteristiche di attendibilità è quella della provenienza da indirizzi dallo stesso provider.

Ad es. se si vuole un database in remoto su server Aruba, l'interfaccia fra la App ed il database deve trovarsi su server Aruba e questo vale praticamente per ogni webserver.

Ciascun webserver ha proprie caratteristiche ma tutti si assomigliano,
ed es. hanno phpMyAdmin e supporto php4/php5 + database, alcuni sono gratuiti.
In realtà, gratis non esiste e si paga in modi diversi come ad es. pubblicità sulle proprie pagine.

Fra questi ne citiamo tre dove al momento (primavera 2016) nei primi due il rapporto costo prestazioni è ottimo ed il terzo "gratuito".
Nome ed estensione del dominio devono ovviamente essere scelti far i disponibili, il prezzo può variare con il tipo di estensione (it, com, net ecc).

- Aruba (https://www.aruba.it/) con sede ad Arezzo, è uno dei leader del mercato Italiano per domini, hosting, cloud ecc.
  Un dominio del tipo http://www.nomescelto.ext con spazio illimitato si può avere a circa 30 euro all'anno e con altri 10 euro, cinque database.
  Occasionalmente presenta offerte molto concorrenziali con prezzi anche inferiori.
  Nome dei database e password assegnate da Aruba.
- One.com (https://www.one.com/it/) con sede in Danimarca, un dominio del tipo http://www.nomescelto.ext con 15 GB di spazio si può avere con meno di 25 euro all'anno database compreso.
  Di tanto in tanto vengono fatte offerte molto concorrenziali anche consegnando domini gratuitamente per periodi temporali prestabiliti.
  Nome del database e password assegnate da one.com
- Altervista (http://it.altervista.org/) Ospita una delle più grande comunità web di editori che pubblicano in Internet i propri contenuti ed è gratuito.
  Si può decidere se ospitare sulle proprie pagine una o più campagne pubblicitarie tra quelle fornite dal provider. Gli introiti derivanti verranno divisi tra il titolare del sito e AlterVista. L'inserimento della pubblicità non è obbligatorio.

Procurarsi un dominio con database

L'esempio che segue si riferisce ai server Aruba, non molto difforme dagli altri.
Andare sul sito Aruba alla pagina https://www.aruba.it/, qui è possibile digitare un nome di dominio scegliendone l'estensione.
Una volta premuto invio o fatto click sul pulsante cerca, verrà scorso un database e comunicato l'esito.
Se il nome di dominio è libero verranno presentate in sequenza alcune pagine dove vengono proposti nomi simili e servizi aggiuntivi che è possibile non acquistare, fra questi scegliere database MySQL.
Al termine viene chiesta la registrazione dei propri dati in modo da assegnare il dominio ed emettere fattura.
Il pagamento può essere fatto in vari modi, PayPal, Carte di credito, bollettino postale ecc.
Fatto il pagamento a mezzo e-mail vengono comunicati i parametri per accedere al dominio via ftp (File Transfer Protocol - protocollo di trasferimento file), nomi dei 5 database e password.

Scaricare tabelle dal database locale

Una volta scelto il provider e si dispone di domino e database, occorre poter caricare il tutto in Internet.
Le pagine php si trovano già sul proprio PC mentre il database e la tabella in esso contenuta si trova sul server locale.
Poiché non è possibile trasferire direttamente tabelle dal database locale al database in rete, occorre "scaricare" la tabella dal server locale sul proprio PC e poi trasferirla al database ospitato dal provider.

Per farlo, accedere a phpMyAdmin sul server locale digitando:
http://localhost:81/phpMyAdmin/
eventualmente con la porta del server idonea.

Nella colonna di sinistra fare click sul database "appinventor2" che si apre.
Fare click sulla tabella "ai2tabella" e poi, nel menù in alto sul pulsante "Esporta".
Verrà proposto il formato SQL che in genere funziona egregiamente.

Raramente, per problemi di compatibilità fra versioni diverse di phpMyAdmin installate su server diversi, sarà necessario usare uno degli altri formati.
Solo l'uso può determinare quale sia il formato più idoneo al trasferimento.
In ogni caso, nell'uso fatto, è sempre stata trovata l'estensione che ha permesso di farlo.

Una volta fatta la scelta del formato fare click sul pulsante "Esegui.
La tabella verrà "scaricata" sul PC in uso nella posizione prestabilita dal browser.

Caricare tabelle su database remoto

Per caricare la tabella "ai2tabella" nel database in Internet occorre accedere a
phpMyAdmin sul server remoto.
Su Aruba l'indirizzo per l'accesso è http://mysql.aruba.it dove viene chiesto di inserire
username e password forniti dal gestore.
Per one.com l'accesso è dal pannello di controllo all'indirizzo https://login.one.com/cp/
Una volta entrati, il funzionamento di phpMyAdmin è pressoché identico.
Alla sinistra c'è l'elenco dei database, 1 nel caso di one.com e 5 se il gestore è Aruba.

Nel caso di Aruba occorre sceglierne 1 facendovi doppio click sopra.

Il nome di questo database sarà quello da inserire nella pagina "ai2-connessionedb.php", che contiene i parametri per la connessione al database.

(In $database = "appinventor2"; sostituire appinventor2 con il nome sfornito dal provider).

Quindi fare click sul pulsante "Importa", nella parte centrale della pagina compariranno gli strumenti per poterlo fare.

Occorre scegliere il formato di importazione, necessariamente uguale a quello usato nell'esportazione, quindi facendo click sul pulsante "Scegli file", sarà possibile navigare sul PC in uso selezionando il file precedentemente esportato facendo poi click su "Apri"

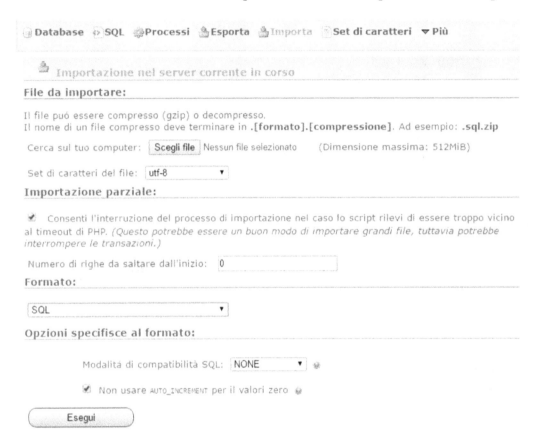

Subito dopo inizierà l'importazione ed al suo termine, in alto, nella stessa pagina comparirà un messaggio sull'esito dell'importazione.

Se è positivo il processo è terminato, altrimenti cambiando il tipo di formato ripetere l'esportazione dal database locale, quindi provare a importare di nuovo sul server remoto.

Preparare la pagina per la connessione al database

La pagina "ai2-connessionedb.php" contiene i parametri per la connessione al database.
Questi sono:
if ($_SERVER['SERVER_NAME'] == 'localhost') {
$hostname = "localhost";
$username = "root";
$password = "";
$database = "appinventor2";
}
else {
$hostname = "**11.222.333.444**";
$username = "**Sql555555**";
$password = "**b77rd8888e**";
$database = "**Sql999999_5**";
}

i dati in grassetto andranno sostituiti con quegli forniti da Aruba o altro provider col quale
si è abbonati.
Fatto questo la pagina "ai2-connessionedb.php" va salvata.
Notare che il nome del database è "**Sql999999_5**", questo vuol dire che è il numero 5 del
database Aruba, se fosse un nome reale, gli altri sarebbero
"**Sql999999_1**","**Sql999999_2**","**Sql999999_3**","**Sql999999_4**"

Caricare le pagine php nello spazio web

Subito dopo l'acquisto, lo spazio web è già pronto, occorre solo raggiungerlo per
caricarvici le pagine php.
I metodi utilizzabili sono molteplici fra i quali FileZilla, un FTP gratuito nel quale una
volta inserite le credenziali fornita dal provider mostrerà 2 finestre una sul locale e l'altra
sul remoto.
Basterà trascinare le pagine php dal proprio PC sulla finestra del remoto ed il gioco è fatto.
In genere i provider hanno anche un utility File Manager, che permette di caricare dal
proprio PC dei file all'interno del proprio spazio web.
Inoltre, con questa utility è possibile creare nuove cartelle, cancellare file ecc.

I provider forniscono anche un'utiliy che di solito si chiama "File Manager"
Dopo aver inserito le proprie credenziali sul sito del provider, dal Pannello di Controllo
che è stato assegnato al dominio si accede al "File Manager".
Anche da qui si possono fare le normali operazioni di caricamento pagine, creare nuove
cartelle, cancellare file ecc.

Disposizione cartelle

Le pagine php potrebbero essere caricate ovunque sul server, purché tutte nella stessa cartella, occorrerebbe però modificare il percorso alle pagine dalla App.
Questo percorso sarà impostato nella App App_Web_PHP_MySQL.
La dicitura nome domino sta per il nome del dominio scelto.

Lo schema seguente mostra la disposizione delle le pagine php in qualsiasi spazio web.
Tutte nella cartella AI2
La pagina index.php è posizionata nella cartella principale dello spazio web, comunemente detta "radice" (dell'albero delle cartelle).

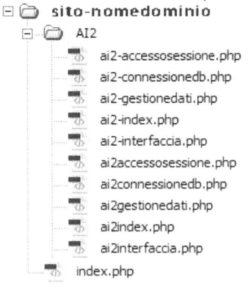

Quindi, una volta avuto l'accesso al "File Manager" creare una cartella di nome "AI2".
Per farlo scrivere "AI2" nel controllo Create Folder e fare click sull'icona a fianco.
Fare doppio click sul suo nome della cartella "AI2", aprendola.

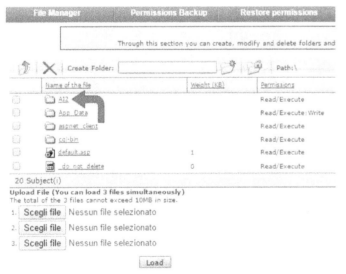

Con i pulsanti in basso selezionare sul proprio PC i file:
ai2-accessosessione.php,
ai2-connessionedb.php,
ai2-gestionedati.php,
ai2-index.php,
ai2-interfaccia.php

ai2accessosessione.php,
ai2connessionedb.php,
ai2gestionedati.php,
ai2index.php,
ai2interfaccia.php

quindi fare click per caricarli sul server.

Testare pagine e database in Internet

Accertato che le pagine php si trovano tutte nella stessa cartella "AI2", l'URL alle pagine php sarà:

http://nomedominio.ext/AI2/ai2-index.php , per l'accesso

http://nomedominio.ext/AI2/ ai2-interfaccia.php, interfaccia App_Web_PHP_MySQL

e per la versione php più recente

http://nomedominio.ext/AI2/ai2index.php , per l'accesso

http://nomedominio.ext/AI2/ ai2interfaccia.php, interfaccia App_Web_PHP_MySQL ed

in modo analogo per le altre pagine php caricate sul server.

Testare connessione al database e versione php

Nella barra degli indirizzi del browser digitare:

http://www.nomedominio.ext /AI2/ai2-connessionedb.php

Possibili risultati:

- Pagina bianca: la connessione è avvenuta regolarmente.
- Pagina bianca con stringa:

  Deprecated: mysql_pconnect(): The mysql extension is deprecated and will be removed in the future: use mysqli or PDO instead in D:\inetpub\webs\nomedominio\AI2\ai2-connessionedb.php on line xy

  La connessione è avvenuta regolarmente e la versione php è la più recente.

  Usare le 5 pagine il cui nome NON contiene il trattino –

Messaggi di possibili errori

Warning: mysql_pconnect(): No connection could be made because the target machine actively refused it. in D:\inetpub\webs\nomedominio\AI2\ai2-connessionedb.php on line xy

Fatal error: No connection could be made because the target machine actively refused it. in D:\inetpub\webs\nomedominio\AI2\ai2-connessionedb.php on line xy

Probabilmente c'è un errore nei dati assegnati ad una delle variabili:

$hostname, $username, $password, $database, controllare che i valori siano esatti.

Per ulteriore verifica togliere i caratteri /* e */ al codice sottostante che si trova nella pagina di connessione quindi salvarla e ricaricarla in Intenet.

```php
<?php
/*
$query = "Select ai2tabella.id, ai2tabella.nome, ai2tabella.note, ai2tabella.data From ai2tabella ";
$result = mysql_query($query) or die ("Quesry failed; " .mysql_error());
while ($row = mysql_fetch_array($result))
{echo "<br>".$row['id'], " - " , $row['nome'], " - " , $row['note'], " - " , $row['data'];}
*/
?>
```

Digitando l'URL http://www.nomedominio.ext /AI2/ai2-connessionedb.php verranno mostrati tutti i record.

Negli esempi dei test di queste pagine sono usate le pagine che contengono – (trattino) ma se la versione di php in uso è più recente usare le pagine il cui nome è senza - (trattino).

Testare in Internet l'interfaccia ai2-interfaccia.php

Nella barra degli indirizzi del browser digitare:
http://www.nomedominio.ext/AI2/ai2-interfaccia.php
Sul monitor dovrebbe apparire una pagina vuota.
Se invece appare il messaggio: Quesry failed; Table 'Sql888888_5.ai2tabella' doesn't exist, la tabella non è stata trovata nel database
(Sql888888_5 sostituisce nome database fornito dal provider).

Per fare ulteriori test cambiare il valore di default alle variabili
$IO = isset($_GET['IO']) ? $_GET['IO'] : 0;
Input Output 1=selezione/filtraggio 2=restituisce il record id
e
$id = isset($_GET['id']) ? $_GET['id'] : 0;
id del record richiesto.
salvare, ricaricare e lanciare la pagina
Se $IO = 1 verranno mostrati tutti i record, se $IO=2 il contenuto del record con id=$id

Testare in Internet la pagina ai2-gestionedati.php

Nella barra degli indirizzi del browser digitare:
http://www.nomedominio.ext /AI2/ ai2-gestionedati.php

Immediatamente dovreste essere rediretti alla pagina ai2-index.php
Questo vuol dire che la pagina ai2-accessosessione.php funziona.

In altre parole il codice: if ($_SERVER['SERVER_NAME'] == 'localhost')
ha testato il tipo di server, constatato che non si è in locale e mancando "ok" nella variabile di sessione carica la pagina ai2-index.php per l'immissione della password.

Se il codice di questa pagina ha problemi rimane attiva la pagina ai2-gestionedati.php con il pericolo di essere usata da malintenzionati.

Testare in Internet la pagina ai2-index.php

Nella barra degli indirizzi del browser digitare:
http://www.nomedominio.ext /AI2/ ai2-index.php
Apparirà la pagina per immissione di username e password.
Inserirli sbagliati e premere "Accedi", verranno testati e ricaricata la pagina "ai2-index.php" rimanendo in attesa di immissione Username e Password.
Mettendoli esatti e poi premendo "Accedi" verrà caricata la pagina ai2-gestionedati.php.
Username e Password si trovano lerra riga di codice:
$Username == "MiaUsername" and $Password = "MiaPassword"
Sostituire MiaUsername e MiaPassword con altre, salvare e ricaricare pagina in Internet.

App_Web_PHP_MySQL

Avendo approntato la parte php/MySQL, caricata su server Internet, testata e funzionante, il passo successivo è assemblare la App che possa comunicare con la tabella "ai2tabella" del database in remoto.

"App_Web_PHP_MySQL" è stata pensata per mostrare come lavorare con una App per Android, tramite un'apposita interfaccia php, su di un database MySQL non raggiungibile con driver ODBC.
L'interfaccia è la pagina "ai2-interfaccia.php".
Per guide complete su App Inventor, anche in lingua italiana, vedere il sito ufficiale del MIT (Massachusetts Institute of Technology) a questo indirizzo:
http://appinventor.mit.edu/explore/books.html

ODBC (Open DataBase Connectivity)

Per grandi linee, si tratta di un driver che usa l'API standard permettendo la connessione dal client ai database. L'API è indipendente da sistemi operativi, linguaggi di programmazione e sistemi di database.
La prima versione, come DLL, fu sviluppata su Windows, seguirono per UNIX, OS/2 e Macintosh.

Dati remoti e difficoltà di gestione con App Inventor

Con App Inventor (marzo 2016) la gestione di dati remoti può essere fatta con vari componenti, fra questi:

- TinyWebDB: Comunica con un servizio Web per archiviare e recuperare le informazioni rendendole anche disponibili per altre applicazioni.
  Il salvataggio è obbligatoriamente nella forma di coppie Tag/Value.
  Tag è il nome con cui vengono identificati i dati e Value il valore vero e proprio.
  Con un esempio pratico è come se mettessimo ogni dato (contatto, frase ecc.) in un sacchetto (Value) e su ciascun sacchetto un'etichetta (Tag) per individuarlo ed utilizzarlo.
  Esistono spazi web gratuiti utilizzabili per testare le applicazioni con TinyWebDB ma dopo aver testato l'applicazione è necessaria la creazione di un proprio servizio.

- FusiontablesControl: Con questo componente è possibile archiviare e condividere dati in formato tabellare. Utilizzabile per creazione, selezione, modifica e cancellazione di dati in formato tabellare archiviati su Google Fusion Tables.
  https://developers.google.com/fusiontables/docs/v1/getting_started

Le applicazioni utilizzanti Fusion Tables necessitano di autentificazione per accedere ai server di Google e funzionano solo in questo spazio.

L' autentificazione può essere:

- o API Key per sviluppatore, permettendo ogni manipolazioni di tabelle e dati.
- o Account Servizio Indirizzo e-mail, per la sola interrogazione dei dati.

Pur essendo ottimi componenti nel loro funzionamento, TinyWebDB è poco pratico per gestire importanti quantità di dati, mentre FusiontablesControl obbliga ed impiegare i server di Google.

Altri due componenti di App Inventor permettono l'accesso a pagine web, essi sono WebViewer e Web

- • WebViewer: Componente per visualizzare pagine Web.
  L'URL delle pagine può essere specificato nella finestra di progettazione o nell'editor di Blocks con il metodo GoToUrl.
  Nella finestra WebViewer è possibile navigare in internet sulla stregua di un normale browser.
  Nell'URL possono essere inserite query-string per comunicare con il codice contenuto nella pagina obiettivo dell'URL.
  Con questo componente è quindi possibile impartire comandi ed inviare testo ad una pagina web appositamente scritta e che può interagisce con un database.

- • Web: Consente di gestire dati tramite HTTP GET o HTTP POST.
  Questi metodi permettono di interrogare server web impartire comandi, inviare testo e ricevere dati di ritorno.
  Questi dati possono essere subito fruibili o anche elaborati da proprie applicazioni, popolare pagine del dispositivo o condividerle con il mondo esterno.

Aprire App Inventor all'indirizzo http://appinventor.mit.edu/explore/
e fare click su "Create apps!".
Probabilmente si aprirà la pagina "MIT App Inventor 2 Beta" pronta per assemblare le App, in alternativa potrebbe aprirsi una pagina dove sono richieste le credenziali di accesso.

App_Web_PHP_MySQL, come funziona

L'applicazione interagisce, tramite un'interfaccia, con la tabella "ai2tabella" di un database posto su di un server di Intenet.
Il nome del database può variare perché spesso il provider ne stabilisce il nome.
Gli esempi sono su server Aruba ma generalizzabili agli altri provider.
Per la app "App_Web_PHP_MySQL" di App Inventor 2, i componeti principale sono tre.

● **WebViewer** si interfaccia con "**ai2-interfaccia.php**" e impartisce comandi per:
    Ordinare un qualsiasi campo della tabella, in senso ascendente e discendente
    Filtrare i dati di un campo a scelta, anche il medesimo dell'ordinamento.
    I record restituiti saranno visibili sul display del dispositivo.

● **Web** impartisce comandi a "**ai2-interfaccia.php**" per:
    Importare record dal database MySQL nel dispositivo Android.
    I record importati saranno visibili sul display e pronti per lo **Sharing**.

● **Sharing** Componente di AI2 che consente la condivisione di file e/o messaggi:
    Avviando il componente verrà visualizzato un elenco di applicazioni installate nel dispositivo fra quelle in grado di gestire le informazioni recuperate dal componente **Web**.
    Scegliendo una di queste applicazioni, la condivisione potrà avvenire ad es. per posta elettronica, rete sociale, SMS, e così via.

    All'apertura dell'App scelta per la condivisione, essa già conterrà i dati recuperati dal componente **Web** e quindi pronta ad essere utilizzata.

    In App Inventor esistono molteplici metodi per forzare la condivisione in una determinata maniera solo invio per SMS, solo per e-mail ecc.

    Scegliendo **Sharing** si è preferito far scegliere all'utente il metodo di condivisione che preferisce, senza forzature che potrebbero anche produrre errori ricercando App non installate sul dispositivo.

Pagina Designer e componenti.

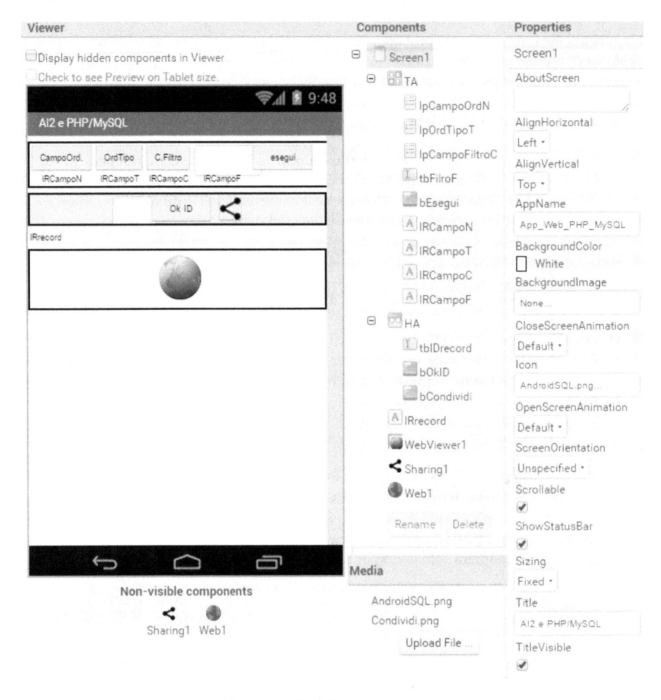

L'ultima colonna rappresenta le proprietà di Screen1.
Per le proprietà degli altri componenti vedere la tabella successiva.

Componenti, proprietà e funzioni

Componente	Gruppo	Nome	Proprietà
Screen1	AppName=App_Web_PHP_MySQL, Title= AI2 e PHP/MySQL		
Table.Arr.	Layout	TA	2 righe, 5 colonne, Alt. automatic, Larg. 100%
Contenitore componenti scelta, indicizzo,filtro sui campi, in riga 2,label contenenti scelte fatte			
ListPicker	User Int.	lpCampoOrdN	FonSize=10, Alt. e Larg. automatic
Seleziona il campo sul quale verrà fatto l'ordinamento dei record			
ListPicker	User Int.	lpOrdTipoT	FonSize=10, ElementsFromString=a-z,z-a Alt. e Larg. automatic
Seleziona il tipo di ordinamento da fare sul campo scelto con lpOrdTipoT (a-z , z-a)			
ListPicker	User Int.	lpCanpoFiltroC	FonSize=10, Alt. e Larg. automatic
Seleziona il campo che deve essere filtrato			
TextBox	User Int.	tbFilroF	FonSize=10, Hint=filtro Alt. automatic, Larg. 60pixel
Testo/filtro nella selezione dei record in ai2-interfaccia.php			
Button	User Int.	bEsegui	Name=esegui FonSize=10, Alt. automatic, Larg. 20%
Pulsante bEsegui,invia i comandi dell'interfaccia ai2-interfaccia.php			
Label	User Int.	lRCampoN	FonSize=10, lRCampoN,Alt. e Larg. automatic
Conterrà la scelta fatta con ListPicker lpCampoOrdN			
Label	User Int.	lRCampoT	FonSize=10, lRCampoT,Alt. automatic, Larg. 100%
Tipo di ordinamento scelta da lpOrdTipoT (a-z o z-a)			
Label	User Int.	lRCampoC	FonSize=10, lRCampoC Alt. e Larg. automatic
Conterrà la scelta fatta con ListPicker lpCampoFiltroC			
Label	User Int.	lRCampoF	FonSize=12, lRCampoF,Alt. e Larg. automatic
Conterrà il testo precedentemente digitato in tbFilroF (il filtro)			
Horizz.Arr.	Layout	HA	Alt. automatic, Fill parent
Contenitore dei comenti di recupero e condivisioen dei dati			
TextBox	User Int.	tbIDrecord	NumbersOnly=selezionato,FonSize=10, Hint=ID, Alt. automatic, Larg. 10%
ID del record da recuperare			
Button	User Int.	bOkID	FonSize=10, Alt. automatic, Larg. 20%, il file Condividi.png da l'immagine al pulsante
Pulsante di conferma per l'ID da recuperare			
Button	User Int.	bCondividi	FonSize=10,Image=Condividi.png,Alt. e Larg.automatic
Lancia la condivisioen del record con l'ID recuperato			
Label	User Int.	lRrecord	FonSize=10,BackgroundColor=Yellow,Alt.automatic, Larg.100%
Conterrà il contenuto del record recuperato e pronto per la condivisione			
WebViewier	User Int.	WebViewer1	Follow Links(Segui collegamenti)=abilitato Alt. automatic, Larg. automatic PromptforPermission=abilitato Visible=abilitato
Sharing	Social	Sharing1	Componente non visibile
Web	Connettivity	Web1	Componente non visibile
Recupera dati da ai2-interfaccia.php e li inserisce in lRrecord			

Assegnare comportamenti ai componenti

link:

Viene dichiarata la variabile globale "link" alla quale, con un blocco testo, viene assegnato come valore l'indirizzo Internet dell'interfaccia "ai2-interfaccia.php"

Se all'avvio dell'App appare il messaggio:

"Warning: mysql_pconnect(): No connection could be made because the target machine actively refused it. in D:\inetpub\webs\nomedominio\AI2\ai2-connessionedb.php on line xy"

la versione del PHP è datata, sostituire l'URL con il blocco stampato sotto.

e in una vostra applicazione con:

http://www.VostroDominio/AI2/ai2interfaccia.php

initialize global ListaCampi to :

Viene dichiarata la variabile globale "ListaCampi".

La lista conterrà i nomi delle voci nei ListPicker

lpCampoOrdN (CampoOrd.)
lpCanpoFiltroC (CanpoFiltro).

Le voci dei ListPicker sono gli stessi nomi dei campi gestiti dall'interfaccia "ai2-interfaccia.php".

I nomi dei campi, per i 2 ListiPicker, potevano anche essere dichiarati nella pagina Designer nei rispettivi riquadri ElementsFromString.

La scelta di farlo nella pagina Blocks è determinata dal fatto che il contenuto dei due ListiPicker è identico.

Questo metodo evita di ripetere 2 volte la scrittura nella pagina Designer,

facilita un eventuale modifica della lista,

diminuendo allo stesso tempo le probabilità di errori.

When Screen1.Inizialize :

All'avvio Screen1 viene inizializzato e popolata la variabile "ListaCampi" con i nomi dei campi gestiti dall'interfaccia "ai2-interfaccia.php" per la tabella "ai2tabella" del database. I nomi dei campi, in blocchi testo, sono id, none, note, data.

Subito dopo le liste sono assegnate ai ListPicker

lpCampoOrdN -campo sul quale fare l'ordinamento

lpCampoFiltroC – campo sul quale applicare il filtro

Infine sono invocate le procedure ValoriDiStart e NascondeImportazioneCondivisione

to ValoriDiStart:

Procedura invocata al termine dell'inizializzazione di Screen1, assegna alle Label che compaiono sul display i valori di default. Con questi valori, nel caso di un click sul pulsante esegui verranno i record saranno ordinati sul campo nome in direzione a-z e mostrati tutti i record perché nell'interfaccia alla riga che riceve il comando

$F = isset($_GET['F']) ? $_GET['F'] : "%";

il carattere %, acquisito di default, significa tutti i record.

to NascondeImportazioneCondivisione:
Procedura invocata al termine dell'inizializzazione di Screen1 e
dal blocco bEsegui (al click su questo pulsante).
Vengono nascosti:
lRecord. Label che dovrà contenere i record importati dal server al dispositivo
bCondividi: Pulsante per la condivisione dei record importati dal server al dispositivo
Viene vuotato
tblDrecord: contenitore dello id record da importare
nel caso di inizalizzazione, perché all'avvio non ce ne sono
nel caso del click sul pulsante bEsegui perché si prepare per nuovi dati.

Uso dei ListPicker
Simile al componente Button, al click su ListPicker vengono mostrate all'utente una lista di
voci fra le quali scegliere rimanendo in attesa.
Quando l'utente ha scelto, l'interfaccia del ListPicker ritorna allo stato precedente.
Nel caso di questa App all'evento AfterPicking (dopo scelto) viene considerato e prelevato
Selection che corrisponde al numero ordinale degli elementi.

La stessa disposizione si trova nell'interfaccia php nel ricevere il numero ordinale del
campo su cui operare con l'importante differenza che:
nei ListPicke l'origine è 1 mentre nei campi dell'interfaccia è zero.
Nell'invio dei dati all'interfaccia con il pulsante bEsegui, il valore 1 è sottratto al risultato
dei ListPicker

when lpCampoOrdM AfterPicking:
ListiPicker che permette di scegliere il campo sul quale verrà eseguito l'ordinamento.
Al click su di esso compare la lista dei campi "ListaCampi"
identica ai campi della tabella "ai2tabella" del database.
L'utente dovrà fare click su uno di essi e
il risultato verrà memorizzato nella label lRCampoN.
Si tratta di un valore numerico corrispondete all'ordine delle voci.
Valore della prima voce è uguale a 1

when lpOrdTipoT AfterPicking:

ListiPicker che permette di scegliere il tipo di ordinamento fra "a-z" e "z-a".
Il contenuto di questo ListPicker è dichiarato nella pagina Designer,
riquadro ElementsFromString.
Al click su di esso compaiono le voci "a-z" e z-a.
L'utente dovrà fare click su una di loro e
il risultato verrà memorizzato nella label lRCampoT.
Si tratta di un valore numerico corrispondete all'ordine delle voci.
Valore della prima voce è uguale a 1

```
when  lpOrdTipoT .AfterPicking
do  set lRCampoT . Text to   lpOrdTipoT . Selection
```

when lpCampoFiltroC AfterPicking:

ListPicker che permette di scegliere il campo sul quale verrà applicato il filtro.
Al click su di esso compare la lista dei campi "ListaCampi"
identica ai campi della tabella "ai2tabella" del database.
L'utente dovrà fare click su uno di essi e
il risultato verrà memorizzato nella label lRCampoC.
Si tratta di un valore numerico corrispondete all'ordine delle voci.
Valore della prima voce è uguale a 1

```
when  lpCampoFiltroC . AfterPicking
do  set lRCampoC . Text to   lpCampoFiltroC . Selection
```

Selezionare e filtrare record

when bEsegui click: Pulsante che collega il componente WebViewer all'interfaccia "ai2-interfaccia.php" passandole i valori con il metodo query-string.

- Call tbFiltroF.HideKeyboard: Nasconde la tastiera virtuale.
- set lRCampoF.Text to tbFiltro.Text: inserisce nella label lRCampoF il testo digitato nel componente tbFiltro.
- set tbFiltro.Text to " ": Vuota il componente tbFiltro
- WebViewer1.GotoUrl : carica la pagina al dato URL
  segue il blocco per testo join dove sono "montate" URL e quer-ystring"
  - get global link: URL all'interfaccia "ai2-interfaccia.php"
  - ? : codice che detrmina l'inizio della query-string
  - N= : variabile letta nell'interfaccia con $N=isset($_GET['N']) ? $_GET['N'] : 1;
  - lpCampoOrdN.SelectionIndex-1: Campo sul quale verrà fatto l'ordinamento. Valore passato con N -1 perché i valori resi da ListPicker iniziano da 1 mentre nell'interfaccia il primo campo è il campo zero.
  - & : identificativo d'inizio nuovo valore da passare.
  - T = : variabile letta nell'interfaccia con $T = isset($_GET['T']) ? $_GET['T'] : 0;
  - lpCampoTipoN.SelectionIndex – 1: Tipo di ordinamento "a-z" o "z-a" Valore passato con N -1 perché i valori resi da ListPicker iniziano da 1 mentre nell'interfaccia il primo valore è zero.
  - & : identificativo d'inizio nuovo valore da passare
  - C = : variabile letta nell'interfaccia con $C = isset($_GET['C']) ? $_GET['C'] : 2;
  - lpCampoTipoC.SelectionIndex – 1: Campo sul quale verrà applicato il filtro Valore passato con N -1 perché i valori resi da ListPicker iniziano da 1 mentre nell'interfaccia il primo campo è il campo zero.
  - & : identificativo d'inizio nuovo valore da passare
  - F = :variabile letta nell'interfaccia con $F=isset($_GET['F']) ? $_GET['F'] : "%"; Il carattere %,assunto per defaulta, significa "tutti i record"
  - lRCampoF.Text: : Valore passato con F call (già digitata in tbFiltro.Text)
  - & : identificativo d'inizio nuovo valore da passare
  - IO = 1: variabile letta nell'interfaccia con $IO = isset($_GET['IO']) ? $_GET['IO'] : 0; valore 1=selezione/filtraggio
- NascondeImportazioneCondivisione: Nasconde componenti non necessari in questa fase.

Quando questi blocchi vanno in esecuzione, nella pagina "ai2-interfaccia.php" va in esecuzione la query sulla tabella ai2tabella con i parametri ricevuti nella query-string. I record restituiti sono visualizzati sul display del dispositivo.

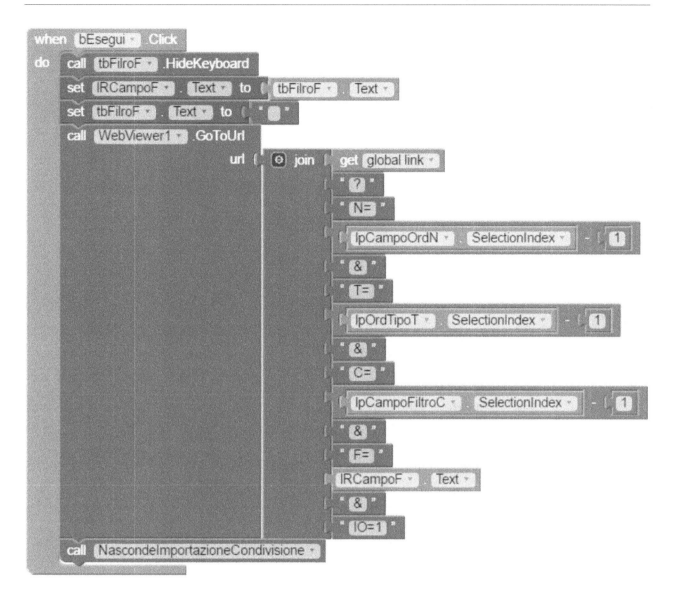

Esempio di risultato all'esecuzione dei blocchi precedenti.

Avendo impostato:

- Campo ordinamento (CampoOrd.) = nome
- Tipo ordinamento (OrdTipo) = z-a
- Campo Filtro (C.Filtro) = data
- filtro = 2015

e fatto click sul pulsante esegui,
per i record di prova inseriti nel database, il risultato è quello a fianco.
Infatti i record con id=1 e id = 8 sono stati inseriti o modificati nell'anno 2015 come si può leggere nel campo data.

Importare record nel dispositivo

when bOkID.click

Al click importa il contenuto del record con valore del campo indice id

- Call tblDrecord.HideKeyboard: Nasconde la tastiera virtuale.
- if not is number? idlDrecord.Text : se non è un numero
  then set idlDrecord.Text to 0 : inserisci 0 nel componente idlDrecord.Text
  null si verifica premendo questo pulsante senza valori in idlDrecord.Text
- Set Web1.URL to: carica la pagina al dato URL
  segue il blocco per testo join dove sono "montate" URL e query-string"
- Get global link: indirizzo Internet all'interfaccia che ricevuto id del record, restituirà
  il contenuto del record con quell' id.
- ? : codice che determina l'inizio della query-string
- Id= variabile che conterrà lo id del record da importare
  - tbIDrecord.Text: Valore contenuto nel TextBox tbIDrecord inviato alla
    pagina ai2-interfaccia.php nella query-string
    Nella pagina "ai2-interfaccia.php" il codice
    $id = isset($_GET['id']) ? $_GET['id'] : 0;
    riceve il numero id del record richiesto.
- & : identificativo d'inizio nuovo valore da passare
  IO = 2: variabile letta nell'interfaccia con
  $IO = isset($_GET['IO']) ? $_GET['IO'] : 0;
  valore 2=Restituisce il contenuto dei record richiesti nel blocco GotText

Nella pagina "interfaccia.php", dopo lettura della query-string viene lanciata una query sul campo id (che ha contenuto univoco) della tabella.

Se la query restituisce il record, il contenuto di esso viene copiato nella variabile $testo, altrimenti nella variabile $testo viene inserito: "Il record $id non esiste".

Infine, con echo $testo viene inviato al dispositivo

when Web1.Got:text

ritorna il contenuto del record per per id richiesto.

- set lRrecord.text to trim
    - trim elimina eventuali spazi ad inizio e fine della stringa ricevuta
        - get responseContent: il valore viene restituito in responseContent, qindi inserito nella Label lRrecord
          trim elimina eventuali spazi ad inizio e fine della stringa ricevuta
- set lRrecord.Visible to true: rende visibile la Label che contiene il contenuto del recor restituito (quella con il fondo giallo)
- set bCondividi.Visible to true: rende visibile il pulsante per la condivisione del record

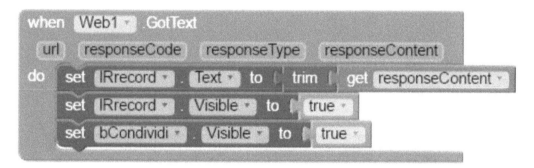

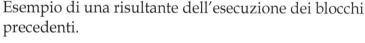

Esempio di una risultante dell'esecuzione dei blocchi precedenti.

Inserendo 8 nel TextBox "tbIDrecord" e premendo il Button "Ok ID" è stato richiesto il record con id = 8 dal database remoto.

Il contenuto del record con id=8 è stato importato ed inserito nella Label "lRrecord"
(su fondo giallo).

Il pulsante per la condivisione dei record è comparso.

Condividere il contenuto dei record importati

A questo punto il record può essere condiviso col resto del mondo facendo click sul pulsante bCondividi che ha su di se il simbolo ◁

Al click sul pulsante si apre una finestra simile a:

Il contenuto della finestra varia in dipendenza delle App installate sul dispositivo.

Di seguito come si presentano alcune delle possibilità

Esempio di alcune delle condivisioni possibili.

Il sito ufficiale del progetto App Inventor è http://appinventor.mit.edu/explore/

Per il php, in lingua italiana:
http://php.net/manual/it/getting-started.php

Termini e condizioni per l'uso del software fornito.
I file aia/APK sono stati testati con successo su dispositivi Android.
Per la grande quantità e diversità dei dispositivi Android disponibili sul mercato è stato impossibile testare gli esempi su ognuno di essi.
Per questa ragione non può essere garantito che tutti gli esempi funzionino su ogni dispositivo.
IL SOFTWARE VIENE FORNITO "COSÌ COM'È", SENZA GARANZIE DI ALCUN TIPO, ESPLICITA O IMPLICITA, INCLUSE, MA NON SOLO, LE GARANZIE DI COMMERCIABILITA ', IDONEITA' PER UN PARTICOLARE SCOPO E NON VIOLAZIONE. IN NESSUN CASO GLI AUTORI OI TITOLARI DEL COPYRIGHT POTRANNO ESSERE RITENUTI RESPONSABILI PER EVENTUALI RECLAMI, DANNI O ALTRE RESPONSABILITÀ, SIA IN UN'AZIONE DI CONTRATTO, TORTO O ALTRO, DERIVANTI DA, O IN CONNESSIONE CON IL SOFTWARE O ALL'UTILIZZO O ALTRI RAPPORTI CON IL SOFTWARE.

All'indirizzo:
http://www.taccetti.net/App_Web_PHP_MySQL/
Sono scaricabili tabella del database, pagine php e App_Web_PHP_MySQL
qui saranno disponibili anche eventuali aggiornamenti e/o correzioni.
Per comunicazioni usare il modulo:
http://www.app-inventor.it/Contatti/Contatti.php